I0078512

HISTORIOGRAFÍAS
E INTERPRETACIONES
DE LOS HECHOS
ARQUITECTÓNICOS I

COLECCIÓN

ARQUITECTURA Y HUMANIDADES

MARÍA ELENA HERNÁNDEZ ÁLVAREZ

COMPILADORA

Primera edición 2015

Directorio

Dra. en Arq. María Elena Hernández Álvarez
Directora

Mtra. en Arq. Patricia Barroso Arias
Coordinación de Contenido Editorial
Versión impresa y versión digital en: www.architecthum.edu.mx
Colaboración:
Arq. Milena Quintanilla Carranza

Mtro. en Arq. Federico Martínez Reyes
Coordinación Editorial
Colaboración:
Cynthia Sugey Acosta Ibarra
Diego Bonilla Bastida
Alicia Guadalupe Wong Hernández
Roberto Israel Peña Guerrero

Mtro. Guillermo Samperio/Rodrigo de Sahagún
Fundación Cultural Samperio, A.C.
Revisión ortotipográfica y de estilo

Ilustración de portada:
Federico Martínez Reyes

Queda prohibida la reproducción total o parcial de esta obra incluido el diseño tipográfico y de portada sea cual fuere el medio, electrónico o mecánico, sin el consentimiento por escrito del editor.

El contenido, la selección del material escrito, su organización y la redacción de los artículos, son responsabilidad absoluta de sus autores, quienes han cedido de manera no exclusiva sus derechos de autor a esta edición.

©ARCHITECTHUM PLUS S.C.
Díaz de León 122-2
Aguascalientes, Aguascalientes
México CP 20000
libros@architecthum.edu.mx

ISBN 978-607-9137-26-7

Presentación

La construcción de la Teoría de la Arquitectura, que es el sustento de todo diseño arquitectónico, implica un complejo proceso reflexivo y crítico mediante el cual se verifica a distancia y en profundidad la enseñanza y la praxis del oficio de ser arquitecto. Si la Arquitectura, es decir, lo habitable, le concierne a todo ser humano, las premisas de ella misma sólo pueden concebirse de manera transdisciplinaria sustentándose en todos los campos del conocimiento porque, además, es a todos ellos a quien va destinado su servicio.

Asimismo, las manifestaciones del humanismo están asociadas a la conciencia social del hombre y a sus circunstancias existenciales en el mundo, de tal suerte que se deben ir generando consideraciones ontológicas y epistémicas en el plano formativo y profesional para el arquitecto. Por ello, asumir una formación humanista desde sus más altos y nobles ideales, constituye una necesidad cada vez más apremiante en el mundo de hoy; y es esto lo que nos transmite una imagen del arquitecto como persona que piensa, que crea y que produce una arquitectura orientada hacia el bien común.

Actualmente, gracias a esfuerzos de profesores e investigadores de nuestro Programa Académico, como la Dra. María Elena Hernández y de su grupo de colaboradores, proyectos editoriales como esta Colección Arquitectura y Humanidades, hacen posible pensar en una Teoría de la Arquitectura impresa con un sello particular en donde el proceso de enseñanza aprendizaje no se concibe ya como un proceso educativo centrado únicamente en la adquisición de conocimientos y habilidades, sino como un compromiso reflexivo y crítico que reclama un cambio de orientación dirigido a la búsqueda de nuevos nexos y relaciones disciplinares, particularmente aquí con las Humanidades.

Así, validando este enfoque transdisciplinar, se escriben y difunden en este proyecto editorial, colección Arquitectura y Humanidades, ideas artísticas, científicas, éticas, filosóficas, poéticas e históricas, que provienen de numerosas visiones del mundo arquitectónico, sustentadas en ideologías, teorías y posturas que están en correspondencia con las exigencias del mundo contemporáneo.

Es esencial que nuestra Facultad de Arquitectura sea parte de las instituciones educativas que contribuyen a la formación de arquitectos conscientes y reflexivos para que esto nos permita, no solamente vivir en el mundo actual, sino además, transformarlo de manera transdisciplinaria para la sustentabilidad y sostenibilidad que el futuro nos demanda.

Así, la Colección Arquitectura y Humanidades nos convoca a la reflexión filosófica que comprende a la arquitectura desde su núcleo, el hombre, y al arquitecto como el profesional dotado de razón, de conocimiento y de capacidad para construir, pensar y diseñar lugares de verdadera calidad habitable.

Sabemos que este proyecto editorial queda establecido para ser puerta abierta permanente a las colaboraciones de quienes consideren el trabajo transdisciplinario como una fuente necesaria para validar, hoy más que nunca, las pautas de diseño de los espacios que los seres humanos habitamos.

Mtro. en Arq. Alejandro Cabeza Pérez
Coordinador del Programa de Maestría y Doctorado en Arquitectura
Facultad de Arquitectura
Universidad Nacional Autónoma de México
Enero de 2015

Prólogo

La *Colección Arquitectura y Humanidades*, tiene el objetivo de fortalecer los lazos entre ambos campos de conocimiento, ya que uno sin el otro no podrían concebirse. Si comprendemos que, tanto la Arquitectura como las Humanidades conciernen a todo ser humano, es por ello que este proyecto centra su propósito en compartir los esfuerzos de muchas personas por enriquecer los encuentros transdisciplinarios que coadyuvan al compromiso con la calidad de las pautas de diseño de los espacios que habitamos los seres humanos.

En este proyecto editorial presentamos numerosos trabajos de exalumnos y profesores del Seminario y Taller de Investigación *Arquitectura y Humanidades* fundado en 1997 en el Programa de Maestría y Doctorado en Arquitectura de la Universidad Nacional Autónoma de México. A partir de ese año, esta *Colección Arquitectura y Humanidades*, tanto en sus versiones digitales como en la impresa, también se ha visto enriquecida de manera significativa con la generosa colaboración de muchos académicos y profesionales de diversas instancias y países.

Los números de este proyecto editorial se presentan organizados en temáticas generales abiertas para multiplicarse secuencialmente. Los artículos en cada número dan a conocer importantes reflexiones teóricas cuyo interés primordial es contribuir a la formación de investigadores y de docentes, así como el promover la generación y divulgación del conocimiento y la cultura arquitectónica y humanística.

Inaugura la lista de autores el Dr. Jesús Aguirre Cárdenas, quien, además de contribuir con un importante ensayo sobre el tema central de esta Colección, ha otorgado en todo momento su apoyo al proyecto académico *Arquitectura y Humanidades*. Expreso aquí mi profunda gratitud y admiración al Dr. Jesús Aguirre Cárdenas por su confianza a esta propuesta académica editorial y, sobre todo, por su inigualable ejemplo humano a seguir; él siempre abriendo caminos.

Por mi conducto, todos los autores que participamos en esta Colección expresamos nuestra gratitud a las autoridades de la Facultad de Arquitectura de la Universidad Nacional Autónoma de México, especialmente a su Director el Arquitecto Marcos Mazari Hiriart, al Maestro en Arquitectura Alejandro Cabeza Pérez, Coordinador del Programa de Maestría y Doctorado en Arquitectura y al Maestro en Arquitectura Salvador Lizárraga, Coordinador editorial de la Facultad de Arquitectura, por el reconocimiento que otorgan a la trayectoria de los autores que participan en esta *Colección Arquitectura y Humanidades*, así como a la calidad de los ensayos que en ella se presentan.

Finalmente, mi especial reconocimiento a la Maestra en Arquitectura Patricia Barroso Arias y al Maestro en Arquitectura Federico Martínez y a sus colaboradores por las incontables horas de entrega, creatividad, compromiso, liderazgo y confianza a este proyecto editorial.

María Elena Hernández Álvarez
México, Distrito Federal , diciembre de 2014

8

HISTORIOGRAFÍAS E INTERPRETACIONES DE LOS HECHOS ARQUITECTÓNICOS I

Introducción

PATRICIA BARROSO ARIAS

El hombre va guardando memoria de los hechos, va dejando huella de su pasado, pero aunado a ello, se ha preocupado por contarlo. En ocasiones, la existencia de un conocimiento derivado de los acontecimientos y hechos que nos anteceden se ha cuestionado, se ha negado o se ha verificado. Por ello, este número se dedica a las diversas, complejas y controvertidas construcciones históricas que se han formulado en la arquitectura desde diversas épocas.

El objetivo de la Historia es conducirnos a designar cada hecho ocurrido a través del tiempo, por otro lado, ésta integra a la interpretación de los mismos hechos, formula su narración y construye su relato. En este caso, hablamos de dos cosas: del hecho como historia y del relato como historia narrada o "historiografía", de modo que nos lleva a suponer que no podría existir una interpretación general o universal de los hechos, sino que la formulación de las construcciones históricas se pueden presentar como propuestas abiertas. Así, la historiografía se entiende como la actividad interpretativa y de búsqueda sobre los hechos, desde la cual podemos cuestionar e indagar sobre los problemas planteados en el conocimiento del diseño arquitectónico, para transformarlos en su contenido tácito, con el fin de que se fragüen propuestas y estructuras conceptuales diversas.

En este caso, se entiende que su noción va más allá y se integra como una "idea regulativa" bajo la cual se define el acontecer de los hechos y es referida a formas de diálogo e interpretaciones de los acontecimientos, esto nos acerca a la reconstrucción de historias que pueden pensarse como orientadoras de la acción y narrarse con esa intención práctica, así queda constituida no sólo por los hechos, sino por la acción que ejerce el historiador sobre éstos. A través de la historiografía podremos llegar al conocimiento de los diferentes estados y acciones del ser humano realizados sucesivamente en el pasado, ésta abarca un objeto cualquiera de conocimiento, ya sean costumbres, conformaciones de los pueblos, modos de vida, existencia de los objetos, de las cosas y fenómenos, por lo tanto, ésta sólo es posible como construcción retrospectiva de narraciones sobre sucesos del pasado que en cierto modo se genera en un principio regulativo que vincula a la interpretación, al método y al historiador para llevar a cabo la reconstrucción histórica.

En este sentido, el objetivo de los historiadores ha consistido en recopilar, registrar e intentar analizar todos los hechos del pasado del hombre y en ocasiones descubrir nuevos acontecimientos, esto consiste en fijarnos en algo que no sabemos para tratar de descubrirlo y ser un medio útil para alcanzar un fin. Entonces ¿qué averigua la historia desde el ámbito arquitectónico? Los autores nos presentan diversas formas y enfoques de ver y analizar un hecho al relatar la historia de su materialización, anclando su interpretación a factores que lo determinan como son los tecnológicos, sociales, políticos, económicos e ideológicos.

Podemos hablar de interpretaciones de las obras arquitectónicas que han entendido la realidad del contexto social, cultural y natural, surgiendo como expresiones que se producen a partir de un pensamiento, de una tendencia estilística, de una influencia lingüística o de una incidencia cultural que comprende un modo de vida. La identidad histórica de un pueblo genera muestras muy valiosas de sus raíces que de una u otra manera, han sido conservadas y que es esencial que se conozcan como aspectos que caracterizan a un emplazamiento derivado del entendimiento de las costumbres de sus pobladores, de tal manera que sus características culturales milenarias se identifican en sus rasgos iniciales.

Podemos comprender esta construcción histórica si analizamos una serie de rituales específicos, de tradiciones y si comprendemos el valor o el significado que cobran las construcciones sagradas, los monumentos, las viviendas, los espacios abiertos y públicos, los espacios para el culto o las edificaciones modernas, todas estas parten de una paternidad ideológica que dicta su composición y estructura, que altera su lenguaje y que se convierten en los escenarios de la vida cotidiana.

Modernidad alternativa, modernidad ortodoxa en el Pabellón de la Segunda República de París

ÓSCAR MIGUEL ARES ÁLVAREZ

Resumen: Con el permiso de Lacasa, el pabellón de Estado que encargó la Segunda República a J.L.Sert es un resumen de dos maneras de entender la arquitectura. Un contenedor técnico y un patio vernáculo de inspiración mediterránea, principio dual que rige la construcción del edificio, establece una relación igualitaria y no jerárquica. Con este edifico el arquitecto catalán manifestó la posibilidad de ejecutar una modernidad alternativa, densa, pesada y de muros de mampostería, en oposición a la modernidad ortodoxa, objetiva, ligera y de inspiración centroeuropea. Sert demostró que la modernidad podía ser practicada desde otros conceptos; evocando los sueños de una mar que nunca llegó a olvidar.

Con motivo de la conmemoración de la Exposición Internacional de París de 1937 la ciudad donde residía Sert, desde su exilio voluntario en el verano de 1936, fue cómplice de un último testimonio: la ejecución del Pabellón de la Segunda República.

En la historiografía española han sido continuos los debates que han aparecido sobre la mayor o menor intervención que tuvieron Sert y Lacasa; ambos fueron designados por el Gobierno de la República para redactar y ejecutar el proyecto. Este ensayo no tiene la intención de investigar la paternidad de los diversos cometidos que se dieron en torno a este singular edificio. Indicaremos que por la trayectoria que ambos arquitectos mantuvieron en años precedentes, la materialización del Pabellón tiene más afinidad con las tendencias seguidas por Sert que con las practicadas por el arquitecto madrileño. El propio Luis Lacasa despejó muchas dudas al respecto:

> *"(...) Sin darme cuenta entonces, al hacer los primeros croquis, salí en defensa de la arquitectura orgánica con ladrillo y*

piedra, a la española. Pero desistí de ello (…). Aunque yo había combatido públicamente en España los principios de Le Corbusier y, por lo tanto, no participaba del formalismo que en la composición arquitectónica tenía Sert, consideré que no era aquella ocasión de reñir una batalla por cuestión de tendencias (…). Consideraba, además, que en una exposición donde los edificios han de tener necesariamente un carácter provisional, era más aceptable el simplismo de Le Corbusier" [1].

Por lo que pudieron ser razones de orden práctico y no ideológico, pese a la reconocida posición crítica del arquitecto madrileño respecto de la obra de Le Corbusier [2] las que prevalecieron finalmente en la ejecución del Pabellón. En su mayor parte fue proyectado mediante técnicas de montaje en seco; sistema que ya había sido ensayado por Sert en Barcelona y que en teoría debía facilitar el proceso de construcción. No había mucho tiempo; la Exposición Internacional de París abría sus puertas el 25 de mayo y la primera piedra del pabellón se colocó el 27 de febrero de 1937. A los arquitectos les exigieron que el edificio debía alcanzar el rango de Pabellón de Estado: un escaparate que recogiese los valores de la República española. Había que concienciar, a quien lo visitase, sobre la lucha que contra el fascismo se estaba librando en España; a pesar del pacto de no intervención que las potencias europeas habían formalizado en el verano de 1936. En su interior, en vez de patentes industriales, se expuso arte: vanguardia contra la guerra. En el exterior, y ante la fachada principal, se levantó la escultura "El pueblo español tiene un camino que conduce a una estrella", del escultor Alberto; "La Montserrat", de Julio González; o "Cabeza de mujer" y "Dama Oferente" de Pablo Picasso. También en el exterior, y cubriendo gran parte de la fachada, se dispusieron grandes fotomontajes móviles sobre los pueblos y las costumbres de los españoles. En su interior, en la planta baja, se alojó el que fuese uno de los mayores iconos del arte español: el "Guernica". Frente a él, otros artistas quisieron rendir culto a la República, como el americano A. Calder, cediendo para su exposición la escultura titulada "Fuente de Mercurio". O Joan Miró, que cedió el gran mural "El payés catalán en revolución", siendo expuesto en el rellano del primer piso. El mensaje era contundente:

"Esta exposición, a la que concurre el Gobierno de España en momentos decisivos, debe ser prueba de su pujanza en todos órdenes y la comprobación más evidente de que cuenta con todos los elementos más valiosos de la intelectualidad, la ciencia y el arte (...)" [3].

Arquitectónicamente, el edificio estaba dividido en dos partes formal y conceptualmente diferentes: un contenedor técnico y un patio orgánico.

El primero representaba al funcionalismo y la racionalidad, albergando en su interior las distintas muestras y colecciones expuestas; el segundo era una síntesis de lo popular y lo tradicional, destinado a alojar los distintos actos protocolarios. La "promenade" estaba cuidada. El acceso se producía a través de un área porticada, situada en planta baja, en la que se podía contemplar el "Guernica". Sobrepasado el umbral se accedía al patio descubierto, el cual se cubría ocasionalmente por medio de una lona plegable; la intención era sorprender al visitante, pues su formalización era completamente diferente a la que podía presumirse desde el exterior, ya que al frío macizo del contenedor prefabricado se oponía un mundo cálido, el del patio, en el que se dejaban oír otras arquitecturas: árboles, paredes enfoscadas imitando encalados, zócalos de piedra, formas curvilíneas, espacios evocando imágenes populares, toldos que recuerdan al sol perdido, etcétera. El patio era un eco de la casa mediterránea que debía servir como espacio de acogida a huéspedes ilustres y ceremonias. Allí se dispusieron las dependencias del bar, los vestuarios, la escena del teatro y la cabina cinematográfica conforme a una organización aparentemente libre y orgánica. También se jugó con los colores; en algunos casos se imprimieron tonalidades terrosas a los volúmenes más sobresalientes con el fin de que contrastase con el encalado del resto del conjunto. No hay duda que el interés vernáculo de Sert por el Mediterráneo, con permiso de Lacasa, volvió a ser proyectado en un contexto ajeno. Aquel mundo tan próximo a él y que ahora añoraba, -sus "Casas de fin de semana" de Garraf, su "Parvulario en Viladecans" o su "Pabellón escolar" de Arenys de Mar, entre otras obras recientes- volvía a ser trascrito bajo un sol diferente y una tierra extraña.

El recorrido continuaba. A través de una compleja rampa de hormigón se introducía al visitante desde el patio hasta el interior del contenedor, desde el espacio abierto al cerrado. Este recinto expositivo contaba con tres plantas y fue realizado en su mayor parte en acero, fibrocemento y vidrio: ensamblaje en seco, todo un decálogo de intenciones. Una vez confiado el espectador en el tercer piso se le invitaba a visitar las distintas secciones de artes plásticas y populares allí alojadas, las cuales fueron repartidas a lo largo de la planta mediante el empleo de tabiquería móvil. Una vez finalizada su inspección, el invitado accedía, mediante un recorrido descendente, al segundo nivel, no sin antes haber contemplado en el rellano el enorme mural de Joan Miró "El payés catalán en revolución", hoy desaparecido. En esta planta se dispusieron grandes fotomontajes sobre las actividades económicas, las riquezas nacionales, la educación, las misiones pedagógicas y tantos otros logros de una República en descomposición; cuestión de propaganda. Cubriendo una doble altura, en la parte opuesta a las escaleras, se dispuso un gran mapa de España tras un cristal, señalizando con puntos luminosos los avances y retrocesos de una guerra que se iba perdiendo.

Finalmente, desde aquella planta, se accedía a la salida: una escalera agregada como apéndice a la fachada conducía al visitante hasta la cota de calle.

La planta baja se reservaba a los servicios complementarios y al atrio de entrada. Los materiales utilizados en el contenedor de exposiciones del Pabellón no podían rezumar más modernidad: estructura metálica, ordenada modularmente y dispuesta cerca del plano de fachada con el fin de poder albergar el mayor espacio diáfano posible; cerramiento ligero y autoportante realizado a base de placas de fibrocemento, disponiendo en su parte superior diversas ventanas practicables que aseguraban la ventilación del contenedor; incorporación de materiales "novedosos", como la silvanita –suerte de material sintético traslúcido parecido al cristal, que proporcionaba una luz cenital tamizada–; o paneles divisores expositivos forjados en *celotex* –material autoportante formado por fibra de caña de azúcar que se ensamblaba "en seco" mediante tornillería y tapajuntas de madera [4]–. Es decir: un catálogo tecnológico que rezumaba modernidad.

El "Pabellón de la Segunda República" en París representaba una síntesis de los dos caminos formales explorados por el arquitecto que mejor supo entender la modernidad en España: J.L. Sert. La máquina era representada como un elemento efímero, desmontable, ligero; mientras que las construcciones del patio representaban los valores intangibles, lo esencial y perdurable. Incluso la composición del conjunto ayudaba a entender este mundo de opuestos al introducir el recurso formal del contrapunto; el desarrollo vertical, en tres plantas, del contenedor expositivo, frente a la construcción vacía y extendida, en una única planta, del patio.

El catalán, por una parte, siguió manteniendo un discurso complejo, algunas veces contradictorio, respecto a los distintos postulados de la vanguardia internacional; unas veces rechazándola, otras asumiendo sus dictados, sin olvidar la tendencia endémica por la identidad, el mimetismo y la apropiación formal que había en algunas de sus obras. Por otra parte, Sert imprimió al pabellón sus deseos por buscar y explorar nuevos caminos en su propio quehacer, cuyo origen estaban en el Mediterráneo y lo local. Este último punto, la apropiación de un lenguaje formalmente masivo, vernáculo, de ánforas, ventanas mallorquinas, y anchos muros encalados de piedra, aparentemente, parece ser una contradicción respecto a lo que canónicamente podríamos entender por arquitectura moderna. La literatura arquitectónica siempre ha mostrado como icono de la modernidad edificios caracterizados por su ligereza, liviandad y diafanidad. Incluso E.R. Hitchcok y P. Johnson, durante la exposición que comisionaron en Nueva York, en 1932, definieron el Estilo Internacional como "volúmenes que se perciben como algo inmaterial, ingrávido, como un espacio limitado geométricamente" [5]. Cabe entonces preguntarse que explicación hubiesen dado ambos arquitectos a aquellos pesados volúmenes, de origen vernáculo e inspiración Mediterránea, en apariencia alejados de la ortodoxia moderna.

Durante la década de los años treinta, J.L. Sert, Torres Clavé, J.B. Subirana o R. Arias, entre otros, proyectaron diversas edificaciones que tenían como referencia las pequeñas casas de pescadores del levante mediterráneo y la arquitectura popular ibicenca. Lejos de ejecutar complacientes reproducciones arqueológicas, infirieron a sus realizaciones estrategias de composición vanguardista combinándolas con tecnología constructiva tradicional; vinculando léxicos aparentemente contradictorios como modernidad y antigüedad. De sus plumines surgieron afortunadas realizaciones, según aquella estrategia de conciliación formal.

En 1935 J.L.Sert y Torres Clavé proyectaron y construyeron, en el macizo de La Garraf (Barcelona) sus "Viviendas para fin de semana", al tiempo que dejaban escrito en AC, la revista del GATEPAC que:

> *"la arquitectura moderna, técnicamente, es en parte un descubrimiento de los países nórdicos, pero espiritualmente es la arquitectura mediterránea, sin estilo la que influye esta nueva arquitectura. La arquitectura moderna es un retorno a las formas puras, tradicionales, del Mar Mediterráneo. ¡Es una victoria más del mar latino!"* [6].

Otras arquitecturas, impregnadas por aquella "simplicidad magnífica" [7] fueron sucediéndose desde su estudio. Entre ellas: el parvulario de Viladecans; los grupos escolares "El Convent" y "El Pontarró", en Martorell; o el pabellón escolar de Arenys de Mar.

En estos ejemplos, la ligereza del movimiento moderno es sustituida por la densidad. El muro retoma su condición portante, indagando en lo táctil; se hace masivo, recuperando la memoria de lo antiguo. En el caso del Pabellón Escolar de Arenys de Mar los arquitectos incluso obvian los principios de composición contemporáneos ordenando el volumen conforme a un eje simétrico. Lo tecnológico, el vidrio, acero u hormigón, algunas veces fue combinado, otras sustituido, por lo tradicional, el mampuesto y la estructura portante muraria. Pero, a pesar de estas aparentes contradicciones, el edificio no altera su condición moderna. Paradojas. La disposición pictórica de los huecos en Arenys de Mar, el concepto de espacio flexible que se practica en el parvulario de Viladecans, o la funcionalidad circulatoria de los conjuntos escolares aproximan estas arquitecturas al verbo de la modernidad.

No hay duda de que J.L.Sert y Torrés Clavé, con estos ejemplos, estaban impulsando una nueva manera de entender la arquitectura; una vanguardia que combinaba la estética compositiva de lo que habían visto y aprendido en el extranjero con la realidad constructiva y posibilista del país. Frente a la proclama de los movimientos de vanguardia del siglo XX, en cierta manera mitológica, de ¡abajo el pasado!, Sert y compañía reclamaban la opción de practicar una modernidad alternativa de inspiración latina. Tomando prestadas las palabras de J.A. Cortés,

> *"(...) lo antiguo, el pasado, se usa no como un lenguaje pasivo, académico, despersonalizado, sino como una fuente activa de elementos que pueden ser yuxtapuestos con elementos de otras procedencias para darles a todos ellos un nuevo sentido, una tensión que los revalorice en la nueva creación"* [8].

Podemos concluir que, durante la década de los años treinta en España se practicó una manera diferente de entender la génesis del fenómeno moderno. Pero no solo a cuestiones formales e intelectuales debe ser atribuible esta práctica alternativa. Aquella modernidad, de procesos mixtificadores, de interrelación entre lo antiguo y lo moderno, contenía otras estrategias.

Por una parte, los arquitectos que la practicaron estaban reconociendo la incapacidad del país por materializar una arquitectura excesivamente tecnológica, como la construida en países tradicionalmente más avanzados industrialmente; era más fácil, con lo que se tenía y con lo que se sabía construir, ejercer la vanguardia. Demostraron que la utilización de principios compositivos modernos no estaba en conflicto con los procedimientos artesanales. Y que las viviendas encaladas de fin de semana de La Garraf podían ser tan modernas como las de J.J.P. Oud para la Weissenhofsiedlung Stuttgart. Pero también, practicar una modernidad alternativa, era una cuestión de conveniencia. La construcción de esta nueva praxis no tuvo un recorrido espacio-temporal corto, no surgió de manera espontánea. Su concepción se había venido fraguando desde los primeros contactos que Sert mantuvo con Le Corbusier en 1928, pero también con todo un ramillete de soflamas y artículos que indicaban el advenimiento de esta nueva tendencia.

El arquitecto franco-suizo hizo un uso político del Mediterráneo [9]. Si bien es conocida la fascinación de Le Corbusier por este mar interior, –desde que en 1911 realizase su "Viaje por Oriente" y glorificase las esencias de Ictino y Calícrates en el Partenón, protagonista de su *Vers une architecture*– no es menos cierto que tras este impulso, de raíces vernáculas, existía una cierta puja y burla contra los arquitectos *Sachlichkeit* o de la Nueva Objetividad; aquellos que se habían atrevido a manifestar y denunciar lo superfluo del arte en el ejercicio del proyecto. En una carta que envió Le Corbusier a Giedion, el 24 de enero de 1930, podemos leer: "...mirad, en el fondo del fondo, en el fin del final, está el arte... La casa de Poissy responde a mis expectativas, ¡Qué burla para la Sachlichkeit!" [10].

Le Corbusier reclamaba el liderazgo en el seno de los CIAM. Aquel que ni Steiger ni Stam estaban dispuestos a conceder y que el franco-suizo temía haber perdido tras el II CIAM de Frankfurt, en 1929. El maestro, a principios de los años treinta, buscaba una ética redentora; un purgatorio para el maquinismo que tuviese su origen en el Mediterráneo. La construcción de una tradición inventada, a través de sus escritos y obras, canalizaron los esfuerzos del franco-suizo que tenían como fin erigirse como principal referente en el panorama internacional en detrimento de sus detractores centroeuropeos. Sert, acólito de su palabra, además de por conveniencia, no dudó en adherirse a estos principios. Comulgar con él significaba posicionarse políticamente a favor de una corriente que se presumía como dominante para los próximos años. Y beneficios: el catalán, por méritos propios, se convirtió en interlocutor imprescindible en las distintas comisiones, congresos y eventos que los CIAM organizaron a partir de 1934, alcanzando en 1947 su presidencia.

S. Giedion dejó escrito:

"Una arquitectura puede hacerse realidad mediante toda clase de condiciones externas, pero una vez que aparece, constituye un organismo en sí mismo, con su propio carácter y su propia vida continua" [11].

Podríamos afirmar que el pabellón que la Segunda República encargó a Sert y Lacasa ejemplifica este concepto de la arquitectura entendida como organismo. Como si de un ser vivo se tratase su formalización deudora de las inquietudes intelectuales, convenientes o no, de J.L. Sert durante la década de los años treinta del siglo XX.

Si la arquitectura es un cruce de pensamientos, y como ejercicio expresivo depende de las inquietudes del autor, el Pabellón de la

Exposición de París podría entenderse como resumen de lo visto y aprendido como militante del GATEPAC y durante el ejercicio libre de la profesión. La conciliación de conceptos opuestos tuvo su momento afortunado en este Pabellón. El enfrentamiento de una caja técnica y un patio artesanal, supuso establecer una dialéctica entre términos aparentemente irreconciliables. Masividad/ ligereza, densidad/ levedad, tecnología/ tradición; en definitiva: viejo/ nuevo, encontraron un espacio común. Vocablos que establecen en esta construcción un juego recíproco de distinción y referencia en vez de exclusión.

A diferencia de la modernidad excluyente, vociferada por el Movimiento Moderno, Sert quiso poner en práctica una modernidad alternativa y conciliadora. La magistral operación de construir este edificio, como relación de dos polaridades opuestas, reside en el establecimiento de una relación de igualdad entre modernidad ortodoxa y modernidad alternativa. La caja técnica y ligera, icono de los movimientos de vanguardia más ortodoxos, fue situada al mismo nivel que el patio de inspiración vernácula y mediterránea, equilibrando ambos elementos y obviando cualquier posible tentación jerárquica. Se pretendía no neutralizar el mutuo juego de ambas realidades, sino hacer posible una nueva relación en la que se valorase a ambos por igual sin establecer diferencias [12].

Sert, con esta obra, manifestó que se podía ser igual de moderno practicando una arquitectura ligera, diáfana y de blancos volúmenes que otra de muros encalados y mampuestos estructurales. Con el permiso de Lacasa, el pabellón supo resumir dos constantes, dos formas de entender la arquitectura. Posiblemente su trascendencia histórica, epitafio de una época, ha impedido un análisis desmitificado del edificio desde la perspectiva formal y compositiva. Frecuentemente, el análisis arquitectónico ha sido superado por el emotivo. Sert, con este pabellón, demostró que la modernidad podías ser practicada desde otras conceptos. Existían otras vías: una modernidad alternativa, de formas densas y táctiles, evocadora de los sueños de una mar que Sert nunca llegó a olvidar.

Notas

1. Lacasa, Luis, "Escritos 1922-1931", Madrid: Publicaciones del COAM, 1978, p. 95.
2. Ídem. En el mismo texto escribiría: *"En el transcurso de la redacción del proyecto, en colaboración con Sert, tuve ocasión de comprobar prácticamente lo que ya sabía de antemano: la cantidad de formalismo, de aceptación de formas aceptadas a priori como funcionales que tienen sentido racionalista, so capa de un racionalismo a ultranza".*
3. Pérez Escolano, Víctor, "Los Planos del Pabellón español en la Exposición de 1937 de París". España: Jano arquitectura, num.62 (1978), pp. 32-37.
4. Ídem.
5. Hitchcock, Henry-Russell y Johnson, Philip, "El Estilo Internacional desde 1922", Nueva York: W.W. Norton & Co.Inc, 1932, p. 56.
6. GATEPAC (Grupo de Artistas y Técnicos Españoles para el Progreso de la Arquitectura Contemporánea), "Raíces mediterráneas de la arquitectura moderna", *Actividad Contemporánea*, núm.18 (segundo trimestre 1935), p. 31.
7. Ídem.
8. Cortés, Juan Antonio, "Modernidad y arquitectura. Una idea alternativa de modernidad en el arte modern", Valladolid: Universidad de Valladolid, 2003, pp.76-78.
9. Pizza, Antonio, "Sincretismos mediterráneos", (mensaje de correo electrónico al autor), septiembre 12, 2009.
10. Le Corbusier, "Carta de Le Corbusier a Giedion, 24 de enero de 1930", Suiza, Zurich: Archivo Giedion, En: Rovira, Josep María, "Urbanización en Punta Marinet", Ibiza: Archivos de Arquitectura Colegio de Arquitectos de Almería, 1966-1971, 1996, p. 24.
11. Giedion, S., "Espacio, tiempo y arquitectura", Trad. Jorge Sainz, Barcelona: Reverté, 2009, *p.56.*
12. Cortés, Juan Antonio, óp. cit.8, pp. 76-78.

Bibliografía

Cortés, Juan Antonio, "Modernidad y arquitectura. Una idea alternativa de modernidad en el arte modern", Valladolid: Universidad de Valladolid, 2003.

GATEPAC (Grupo de Artistas y Técnicos Españoles para el Progreso de la Arquitectura Contemporánea), "Raíces mediterráneas de la arquitectura moderna", *Actividad Contemporánea*, núm.18 (segundo trimestre 1935).

Giedion, S., "Espacio, tiempo y arquitectura", Trad. Jorge Sainz, Barcelona: Reverté, 2009.

Hitchcock, Henry-Russell y Johnson, Philip, "El Estilo Internacional desde 1922", Nueva York: W.W. Norton & Co.Inc, 1932.

Lacasa, Luis, "Escritos 1922-1931", Madrid: Publicaciones del COAM, 1978.

Pérez Escolano, Víctor, "Los Planos del Pabellón español en la Exposición de 1937 de París". España: Jano arquitectura, num.62 (1978).

Pizza, Antonio, "Sincretismos mediterráneos", (mensaje de correo electrónico al autor), septiembre 12, 2009.

Rovira, Josep María, "Urbanización en Punta Marinet", Ibiza: Archivos de Arquitectura Colegio de Arquitectos de Almería, 1966-1971, 1996.

Raíces cruzadas
Aalto y Sert:
dos visiones amables del movimiento moderno

MARÍA BELTRÁN RODRÍGUEZ

Introducción: cruce de raíces

"Se necesita astucia y discernimiento ya que la liebre se esconde en una pequeña mata de hierba. Lo mezquino se esparce con facilidad mientras que lo útil se reduce a lugares muy concretos" [1].
Marsilio Ficino

El maestro Ficino solía repetir esto a sus discípulos. Nosotros, primero como estudiantes y más adelante como investigadores, arquitectos o profesores, podemos aprender a estar cerca de estos lugares concretos. Tanto Alvar Aalto como Joseph Lluís Sert lograron con gran maestría encontrar ese camino y nos legaron multitud de lugares a los que acercarnos a fin de develar esencias espaciales. Lejos de la sofisticación, sus arquitecturas muestran claridad y armonía, mimetizándose con el entorno y abriendo un nuevo camino a la arquitectura en lugares en los que la tradición tenía aún un fuerte arraigo.

Sin duda, no podríamos entender a Aalto sin mirar hacia lo nórdico, de la misma forma que Sert es inseparable de lo mediterráneo. Al escuchar estos apellidos, el conocedor puede imaginarse determinados paisajes, luces, colores, o alguna atmósfera concreta. Dos mundos opuestos, constituido el nórdico por una red de fragmentaciones y repeticiones en un espacio sin barreras y el mediterráneo por una red urbana, continua, variada, en torno a lo cual todo cobra vida, influirán de manera determinante en ambos arquitectos.

Sus raíces son fundamentales, y la atmósfera del lugar donde crecieron los acompañará a lo largo de su vida y obra. Precisamente mediante el eco de la arquitectura tradicional, atemporal, esencial, íntimamente ligada al entorno, lograrán el reconocimiento de la individualidad, despojarán de rigidez a la arquitectura propia del *Movimiento Moderno*. Desde su entorno, desde sus raíces más autóctonas, harán un planteamiento local y personal de la arquitectura moderna, sin caer nunca en el regionalismo.

Comparar la totalidad de su obra y explicar todos los conceptos que hacen de su arquitectura un equilibrio perfecto entre la racionalidad del Movimiento Moderno y la humanización y adaptación a las raíces de un lugar nos llevaría demasiado tiempo. Por ello, he escogido tres cuestiones que considero principales: "El conflicto entre la ciudad y el paisaje", "La continuidad en la arquitectura" y "Del barrio a la intimidad". Estos tres parámetros de análisis son las cuestiones troncales, donde tienen cabida todas las obras de estos dos arquitectos y que además responden a tres líneas de investigación que siguieron ambos durante su carrera profesional.

"El conflicto entre la ciudad y el paisaje" engloba la tensión que existe siempre entre la arquitectura y la naturaleza, especialmente cuando la primera convive con la segunda y no la borra, cuando se tiene en cuenta el lugar a la hora de diseñar el edificio. Los dos arquitectos mantienen presente este conflicto. Alvar Aalto quizás inclinando la balanza más hacia el paisaje y las formas orgánicas, intentando crear ciudad y arquitectura donde antes sólo había naturaleza. Josep Lluís Sert, en cambio, intentando armonizar la rudeza de la ciudad mediterránea, la firmeza de lo construido, mediante el concepto de paisaje y el uso de la naturaleza, por supuesto siendo su concepto de ésta diferente al del paisaje nórdico de Aalto.

"La continuidad en la arquitectura" responde a una escala que va más allá de la de un edificio, o un conjunto de ellos. Abarca la ciudad, entendida como ente vivo, cambiante, continuo. Así fue como Aalto y Sert abordaron proyectos de escala urbana (como el diseño y planeamiento de ciudades, campus universitarios, etc.) e investigación de conceptos en la arquitectura ligados siempre al todo. Siendo ésta continuidad en la arquitectura, la extensión y la relación siempre cambiante entre el edificio y su ciudad. De ahí la destreza con la que ambos supieron observar cada lugar para adaptarse a él, desmarcándose de la tendencia propia del

Movimiento Moderno, que entendía la arquitectura sólo como arquitectura, como un objeto, un objeto que podía repetirse cuantas veces se quisiera a lo largo de nuestro extenso planeta.

La cuestión "Del barrio a la intimidad" explica cómo la arquitectura debe ser entendida y abordada desde su escala más íntima (el diseño del picaporte de una puerta) a su escala más global y el efecto que un edificio puede tener en un barrio concreto, dentro de la ciudad. Tanto Aalto como Sert destacaron por resolver desde el más pequeño detalle en sus edificios hasta el significado de sus obras a escala global, la reflexión de la relación entre las partes y el todo, entre lo público y lo privado, entre el barrio y lo íntimo.

Estos tres parámetros, aun abarcando toda la obra de Aalto y Sert, no siempre son fenómenos aislados. La mayor parte de las veces se solapan y entremezclan, pues supusieron líneas de investigación constantes a lo largo de su obra. Cada una de las cuestiones se basa en la comparación de dos obras concretas (una de cada arquitecto), que siguen las mismas reglas, los mismos cánones y que permitirán explicar la *visión amable del Estilo Internacional* que los dos arquitectos poseían.

I. El conflicto ciudad/paisaje

La buena arquitectura comienza con el buen diseño y concepción de una ciudad. Nada tiene que ver Barcelona (donde Sert se formó como arquitecto) en aquella época, con Jyväskyla o Turku (donde Aalto pasó sus primeros años como arquitecto). Se podría pensar que intervenir en ciudades pequeñas, con poca población o incluso en plena naturaleza es mucho más sencillo que intervenir en ciudades muy densificadas y caóticas. Pero eso no es totalmente cierto. Sert tuvo que idear soluciones para el caos en la ciudad, para el hacinamiento, tuvo que "mejorar" una ciudad mediante el urbanismo, la arquitectura y la naturaleza, más vinculado siempre a los CIAM y al resto de Europa. Aalto, en cambio, se encontró ante la dificultad de cambiar totalmente el concepto de ciudad y arquitectura que existía en su país, dónde todavía muchas agrupaciones urbanas consistían tan sólo en pequeñas casas de madera esparcidas en el bosque; debería acercar las ideas urbanas y arquitectónicas europeas a la naturaleza finlandesa, sin perder por el camino su identidad y características intrínsecas. En realidad, en sentido amplio, desde orígenes contrarios los dos tienden a encontrarse en un mismo punto medio del camino.

Para explicar este concepto me basaré en La Fundación Miró de Sert y el Ayuntamiento de Säynatsälo de Aalto, ambos de vocación urbana, pero con reflejos de modelos consolidados en la historia de la tradición arquitectónica. Las dos obras son como dos ciudades cambiadas de escala, en las que se encuentran lo tradicional y la historia con lo moderno y gubernamental. Se trata sin duda de un enfrentamiento entre la multitud o lo urbano y la individualidad o lo doméstico.

Al pensar el edificio, Sert se imagina un mundo impenetrable, similar a una fortaleza. Se trata sin duda de una arquitectura cerrada, a la defensiva ante el lugar (se encuentra ubicada en Montjüic, donde tuvo lugar la exposición de 1929) y con la ciudad a la que se enfrenta, Barcelona, y a la que más bien da la espalda.

El edificio de Aalto en Säynätsalo, nace también de una idea de modelo urbano, irónicamente de tradición mediterránea, como es el foro o ágora como lugar de encuentro del pueblo. Finlandia nada tiene que ver con lo Mediterráneo, pero este ejemplo pone de manifiesto que uno de los grandes poderes de un arquitecto es la capacidad para trasladar un modelo con tradición histórica a un lugar completamente diferente y lograr adaptarlo al nuevo medio y sociedad. Así Aalto concibe un edificio radicalmente nuevo en aquel país, un edificio que no sólo posee funciones administrativas, sino sociales, comerciales, de aprendizaje y ocio. Para ello se valdrá de conceptos urbanos, partiendo de la idea de pequeña ciudad. El gran logro de Aalto era estar atento a las raíces, y saber adaptarlas a determinada actividad y lugar.

Dentro de los dos modelos históricos, un elemento clave o icono presente en ambos es el de la torre de vigía. En los dos proyectos permanece el recuerdo de esa torre, que ya no posee su antigua función histórica sino que flanquea la entrada principal de ambos edificios, reivindicando su fuerte valor institucional y constituyendo además en el caso de Säynätsalo la sala del consejo, principal símbolo de la administración. En los dos casos la torre pierde su significado primario, pero sin duda aporta al conjunto de nuevo la idea de composición urbana, adaptándose a su tiempo, con el uso de mecanismos modernos: excavar volúmenes a fin de conseguir formas menos pesadas.

Otro elemento de clara tradición mediterránea entrelaza ambos edificios: el patio, claustro o ágora. Aunque la organización en ambos edificios es distinta, el uso del patio recuerda de nuevo a una escala doméstica frente a las connotaciones más señoriales que aportaba la torre, como la tradicional granja finesa o los asentamientos mediterráneos.

A pesar de su reducido tamaño, el edificio de Aalto posee una monumentalidad particular. A este efecto contribuye el hecho de que la plaza o patio central, así como ambos accesos, se encuentran ubicados en una posición más elevada que el resto del edificio. Así, Aalto crea una escala inesperada, ya que desde las dos alturas que se ven desde el exterior se llega a una altura distinta al subir al patio para acceder al edificio, logrando así, una sensación de escala más humana. A su vez, esto provoca la sensación de encontrarse dentro de una ciudad.

El ambiente humano, "urbanita", que se respira en Säynätsalo es el mismo que uno puede experimentar en la Fundación Miró. Asombrosamente, ambos logran mediante una concepción muy funcional y de escala monumental como es la de una ciudad, crear un entorno doméstico, con calidad humana, como el de una casa en la que a todo el mundo le gustaría vivir.

La visión amable del Movimiento Moderno la encontramos en aspectos como el uso de la luz, la ventilación y los materiales, que se convierten en los principales protagonistas de la adaptación al lugar y sus tradiciones y condiciones climáticas. Aalto y Sert reivindican la importancia del material y de una geometría más libre acorde con cada lugar, oponiéndose a la institucionalización de la caja de vidrio.

> *"An ordinary wall brick is a seemingly primitive object. If properly made, refining materials obtained from the earth itself, using them in the right way, and linking them to the whole correctly, the brick, however, forms the basic unit of the most precious monuments build by humankind; similarly, the brick is the basic element of social comfort in a given environment"* [2].

(Alvar Aalto, 1955)

II. Continuidad en la arquitectura

"La ciudad es el único texto verdaderamente inacabado. Se ha convertido en presente de la humanidad y en memoria de las civilizaciones pasadas. Aunque una ciudad parezca completa, terminada, su interacción con el desarrollo urbano hace que sus fronteras se encuentren siempre en continuo cambio. Por lo tanto, la evolución de la ciudad es continua" [3].
(Rafael Moneo)

Para comprender el concepto de continuidad es quizás mucho más sencillo trasladarse a una escala urbana "acotada", que sirva a un uso común. Por ello compararé dos campus universitarios, el de Otaniemi de Aalto y el de Boston de Sert. Al igual que en el proyecto anterior, Aalto tomaba prestada de la tradición mediterránea la idea de plaza, introduciendo así con este proyecto el concepto de campus anglosajón como tipología novedosa en Finlandia.

Con programas idénticos, estos proyectos, se enfrentarán a condiciones locales muy diferentes. La Universidad Tecnológica de Helsinki fue trasladada a las afueras, a un barrio llamado Otaniemi, tras la Segunda Guerra Mundial. El solar era un entorno totalmente natural y así Aalto aprovechará las características rústicas del lugar para que todo el conjunto se adapte de forma orgánica al paisaje. El "Main Building" o Edificio Principal es edificado en el punto más alto, en el centro, y en torno a él se irá generando toda la estructura de edificios y calles. Aalto parte de la idea de campus como organismo vivo, abierto, siempre con posibilidades de ampliaciones, no muy diferente topológica y funcionalmente a una ciudad. Sert, por su parte, se enfrentará a un solar muy escaso, rodeado por una de sus caras de una calle ruidosa. Por esta razón, recurre a un edificio en altura donde quedarán concentrados usos de auditorios, oficinas, aulas de dos facultades diferentes, lugares de encuentro e investigación y seminarios o biblioteca. El resto de facultades y usos, con detalles pertenecientes al mundo mediterráneo, surgirán en torno a la torre, convertido en hito del campus.

En Boston todo el conjunto se organiza de forma lineal, volcado al río, entendiéndose sus relaciones en alzado y no en planta como en Otaniemi. Así, Aalto parte de la naturaleza primitiva y se adapta a ella, mientras que Sert parte de la macro-ciudad, y aún utilizando conceptos y tipologías cercanas a este fenómeno, le dará la espalda, volcándose al único elemento natural existente: el río.

Ambos maestros toman un rumbo parecido con distintas dialécticas: vertical la ciudad americana y horizontal el paisaje nórdico. Si ya hemos dicho que un campus funciona prácticamente como una ciudad, pero a distinta escala, tendrá que tener una plaza, un hito o lugar de reunión común y reconocible para todos.

Como ya hemos dicho, la organización del campus de Boston se realizará en torno a una torre, que se convierte en núcleo del conjunto y en centro de reunión de los estudiantes. Esta torre -que posee una gran diversidad de usos- dialoga con una antigua iglesia neogótica que el arquitecto decide conservar, dividiéndose en dos precisamente donde la iglesia termina, situación que queda también representada al exterior, pues rompe su forma, escapa a la presencia de un único volumen y expresa el contenido por ejemplo de dos facultades muy distintas: derecho y magisterio.

De la misma forma, el Main Building de Otaniemi, siendo también hito y lugar central de reunión del campus muestra también al exterior la presencia de distintas actividades y usos en su interior, pero de una forma muy distinta. En su pieza principal, la que recuerda a un embudo, se pueden diferenciar tres estratos, representados también en altura como en la torre de Boston: los escalones o gradas de la parte inferior, que son lugar de reunión de alumnos, los lucernarios verticales que iluminan el aula magna en su interior y los estratos de cobre que rematan el edificio, recordando a un antiguo teatro griego. El edificio, en lugar elevado como la torre, se organiza en planta, mediante piezas, de norte a sur, unidas por "piezas pasillo" y patios colocados de este a oeste. Así, el edificio se puede recorrer de un trazo de este a oeste, conectando el acceso principal al campus con la gran explanada verde peatonal en el centro del conjunto. A este conjunto se le adosan con el mismo lenguaje orgánico y de patios, las facultades de geología y arquitectura.

III. Del barrio a la intimidad

Para ilustrar este concepto utilizaré dos proyectos que responden a un mismo tipo de programa y además en el mismo entorno.

Cuando Sert recibió en 1962 el encargo para el complejo residencial de 497 pisos para estudiantes de posgrado casados y sus familias en la Universidad de Harvard, tenía ya mucho rodaje en el diseño urbano y arquitectónico racionalista, fundamentado en toda una vida de investigación, resultado del arte, los viajes, la fotografía, la lectura, el pensamiento y la observación. Alvar Aalto, aún no habiendo tenido la oportunidad de experimentar lejos de su país en el campo urbano comparte muchas de las ideas de Sert, así como sus campos de investigación, Y aunque estos dos proyectos no sean contemporáneos, veremos que persiguen un objetivo común.

Sert construirá en el país que se ha convertido ya suyo, mientras que Aalto tendrá que medirse en país muy distinto al suyo. Los dos serán sensibles a las sutilezas del entorno y responderán a ellas, sin dejarse llevar por las modas o hábitos asociadas a un uso o lugar. Para ejemplificar estas ideas recurriré al análisis de dos soluciones muy distintas para un mismo uso y un mismo lugar, residencias para estudiantes en el MIT; las cuales no pasarán por alto la historia del lugar, la escala y la textura del tejido urbano preexistente y tendrán en cuenta la topografía, el clima y el entorno natural del lugar.

Sert insistía en que la nueva arquitectura y el nuevo urbanismo debían incluir las realidades de la vida contemporánea y servir como agentes de cambio social. El Movimiento Moderno estaba dando pasos en falso. El urbanismo racionalista, en su énfasis en la eficacia, la función, la higiene, lo medioambiental, lo prefabricado y la producción en masa, había descuidado más de un "aspecto" de la vida urbana, como la calle o el barrio, había olvidado las dimensiones sociales y visuales-perceptivas de la vida urbana. Ya no había compromiso personal.

En el solar de 243 hectáreas Sert dispuso 3 bloques de 22 plantas, ampliamente espaciados, creando el "ideal de la nueva arquitectura residencial urbana", un desarrollo compacto con una densidad de población bastante elevada, protegido por áreas al aire libre. Crea tres espacios abiertos principales, con distintos caracteres. Una primera plaza central, pavimentada para actividades sociales; otra plaza, junto al río, orientada a la naturaleza; y una última, cercada por el pasaje que lleva al río con una vasta extensión llana de césped para juegos. La circulación quedó organizada mediante dos ejes principales: uno de norte a sur y otro de este a oeste.

La residencia de estudiantes de Alvar Aalto también se encuentra muy cerca del río, así como de la arteria principal de tráfico de la región: Memorial Drive. Pero consta tan sólo de una pieza de residencia, a la que se adosará una más pequeña que contiene la cafetería. Incorpora a su diseño una vía peatonal preexistente que marca una fuerte diagonal, penetrando por la entrada principal del edificio, continuando por el vestíbulo y escaleras hasta aparecer por el lado sur en la cafetería. La composición de Aalto contrasta con la habitual configuración estática de los edificios institucionales en este mismo contexto.

Sert decía que "un auténtico barrio adquiere su identidad, en parte, en virtud de su unicidad: un barrio es inherentemente lo que es porque se opone a otras cosas" [4]. Lo formal frente a lo informal o lo íntimo frente a lo monumental. Podemos encontrar estas mismas ideas de antítesis en ambos proyectos.

El edificio de Aalto se abre hacia el sur, mirando al río, mediante una curva. Así consigue un mayor aprovechamiento longitudinal del edificio. Por ello y por las vistas al río coloca las habitaciones en esta orientación, pero con las ventanas en diagonal a la calle, de modo que miren hacia la carretera de forma oblicua, como si se mirase por la ventana de un tren en marcha, geometría que resulta mucho más agradable que ver el tráfico en perpendicular. Por su parte, las salas comunes y accesos quedan en el lado norte, que está compuesto por salientes afilados, llamativo contraste de las formas curvas de la fachada sur. Como consecuencia de la forma orgánica de la fachada hacia el sur se obtiene una mayor riqueza y variedad en las habitaciones, que tienen diferentes formas y tamaños.

Así, con este edificio, Aalto resalta la individualidad, la robustez e independencia de la vida estudiantil en lugar del anonimato institucional, precisamente ideas que también defendía Sert.

La planta del complejo para estudiantes casados, expresa una geometría suavizada por una orientación perceptiva del recinto, desplazando la torre septentrional del eje de los demás edificios, a fin de crear una composición dinámica y unas mejores vistas de los residentes hacia el río. Todo el complejo se basa en un único módulo de tres plantas y 9 metros cuadrados de hormigón encofrado *in situ*, con una escalera y ascensores en el centro, que se repetirá con distintas composiciones.

Con el uso de la curva, Aalto explora los conceptos derivados de sus experimentos con mobiliario curvo de madera. Esta es la primera vez que traslada satisfactoriamente un concepto de sus muebles a la arquitectura.

De nuevo llegamos a la idea de que todo tiene que ver, los cambios en escala, los ensamblajes de distintas escalas y la definición desde la escala urbana hasta el detalle más mínimo son imprescindibles. Las formas suaves onduladas reiteran la irregularidad de las calles y espacios urbanos, mientras que los salientes afilados en la fachada norte, con la escalera en voladizo a modo de cuña, recuerdan a los esquemas de villas italianas y a las antiguas civilizaciones mediterráneas.

Más allá de la envolvente y el entorno, Aalto crea en el interior de la residencia un esquema de circulación de gran riqueza espacial. A modo de *"piazzas"*, dilatará los pasillos comunales en distintos puntos asociados a agrupaciones de habitaciones. Crea una jerarquía desde lo más privado a lo más público, pasando por la transición de lo semi-público. Por su parte, en el edificio residencial de Sert, las fachadas ofrecen un campo visual cambiante y dinámico con una sensación de espacialidad asombrosa, pero al mismo tiempo muy pictórico, mientras que divide las fachadas en unidades compositivas menores, creando una escala humana perceptiva en unos edificios que no dejan de ser de gran escala.

Conclusión: La humanización del movimiento moderno

El apretado análisis realizado permite ver la delicada línea que existe en sus arquitecturas, entre lo intrínseco de un lugar y lo funcional y universal propio del Movimiento Moderno. Aalto y Sert lograron el mismo objetivo con una base común: las ideas del grupo en torno a Le Corbusier y el Estilo Internacional. Para ello se valieron de las mismas herramientas (la luz, la naturaleza, los materiales…) utilizadas de forma distinta y en entornos totalmente opuestos. Finlandia y España se diferencian no sólo en condiciones climáticas, geográficas, sociales, culturales o artísticas, sino también en el concepto de ciudad y en el desarrollo de sus ciudades, que se encontraban en puntos totalmente distintos. Por ello la labor que cada uno de ellos desempeñe en un futuro estará fuertemente marcada por la concepción de ciudad que tiene cada uno y por cómo vivieron ellos, los "urbano" durante su formación y primeros años como arquitectos.

Las grandes diferencias entre nuestros dos maestros y sus mundos son quizás las que los acercan más de lo que a simple vista puede parecer, pero sin duda el común denominador de ese acercamiento es la importancia del lugar. A diferencia de la mayoría de los impulsores del movimiento moderno, Sert y Aalto lograron adaptar todos esos nuevos conceptos arquitectónicos y urbanos de los que tanto se hablaba y teorizaba a la realidad próxima, a ciudades, lugares y personas reales, propias. Porque al fin y al cabo, una misma casa, o biblioteca o museo no puede ser igual en dos puntos distintos del planeta. Por muy parecidos que sean dos entornos siempre habrá diferencias, siempre habrá sutilezas en cada lugar que hacen que la solución sea única. Porque la funcionalidad y las necesidades, aunque son comunes a todos los seres humanos, interaccionan con multitud de otros factores a tener en cuenta para la completa resolución y adaptación de un edificio a un entorno. Aquí reside sin duda la esencia de sus logros, de que ellos también fueran únicos y personales en aquello que mejor sabían hacer.

Notas

1. VV. AA., "Humanismo y Renacimiento", Madrid, España: Alianza, 2007, pp. 1-288.
2. Fleig, Karl, "Alvar Aalto Complete Works", Boston: Birkhauser, 1990, p.12.
3. Moneo, José Rafael, "Rafael Moneo: escritos y conversaciones en el Perú = writings and conversations in Perú", Lima, Perú: Pontificia Universidad Católica del Perú, Facultad de Arquitectura y Urbanismo, 2009, pp. 1-189.
4. Bastlund, Knud, "José Luis Sert: Architecture, city planning, urban design", United Kingdom: Thames and Hudson, 1967, pp.1-244.

I

40

Bibliografía
Bastlund, Knud, "José Luis Sert: Architecture, city planning, urban design", United Kingdom: Thames and Hudson, 1967.
Fleig, Karl, "Alvar Aalto Complete Works", Boston: Birkhauser, 1990.
Moneo, José Rafael, "Rafael Moneo: escritos y conversaciones en el Perú = writings and conversations in Perú", Lima, Perú: Pontificia Universidad Católica del Perú, Facultad de Arquitectura y Urbanismo, 2009.
VV. AA., "Humanismo y Renacimiento", Madrid, España: Alianza, 2007.

"Una puerta abierta a la Arquitectura"
Centro Social Hostalets de Balenyá (1986-92) E. Miralles / C. Pinós

CLAUDIO DANIEL CONENNA

"...El edificio complete debía ser caminable, palpable; un lugar en sí mismo...
De arriba hacia abajo, de la terraza, es posible mirar los juegos
que se llevan a cabo en el jardín..."
C. Pinós [1]

1.- Implantación

"...Ni el sitio, ni la exacta colocación son un
lugar. Lugar, nos gusta pensarlo así,

es aquel momento en el que el pensamiento
empieza a entrelazarse con lo real..."
E. Miralles [2].

La propuesta del edificio en cuestión pareciera haber sido pensada desde su inicio bajo el deseo de crear un hito, un *"landmark"* en la zona periférica de la ciudad donde no existen puntos referenciales de trascendencia. Esta idea de *"landmark"* para el tema Centro Social se potencializará luego de su cambio de uso a Municipalidad; programa que por su condición institucional civil, requiere un simbolismo particular dentro del ambiente urbano.

Dos gestos fuertes, dos muros definen la idea rectora de implantación: un muro curvado a modo de arco sobre la calle principal y otro quebrado a modo de espalda que oficia de apoyo estructural a las plantas-puente y a las rampas exteriores que conducen de manera independiente a los dos pisos superiores.

Los límites longitudinales de cada planta se asemejan al recorrido de una puerta que se va abriendo y dejando su marca en cada punto de freno. "Puerta" que a nuestro criterio representa simbólicamente una intención diferente frente a la arquitectura convencional pensada en dos dimensiones. Sin dudas el Centro Social Hostalets de Balenyá (CSHB) está dibujado mentalmente en tres dimensiones desde su gestación. Se trata de un desmaterializado volumen generado a partir de gestos dinámicos donde las dos dimensiones no alcanzan. Y si bien no permiten agregar ni quitar nada a lo proyectado, ni tampoco ningún tipo de extensión y crecimiento, no deja de ser un hecho arquitectónico creativo, sin referentes anteriores evidentes. Resulta dificultoso asociarlo a algún proyecto u edificio precedente. Sólo podríamos remitirnos a algún detalle como por ejemplo los puentes conectores de la fabrica Van Nelle (1927-29) en Rotterdam obra representativa de la Neue Sachlichkeit diseñada por M. Brinkman, L. van der Vlugt y M. Stam.

No obstante ello ciertos conceptos básicos de la tradición moderna re-elaborados como el paseo arquitectónico, la terraza jardín, la ventana corrida, la continuidad espacial, la planta libre, -liberada de la estructura puntual de columnas- entre otros adquieren en este paradigma una relevancia particular a partir de su renovada visión proyectual y su lenguaje arquitectónico actualizado propio de los autores.

El edificio juega de modo escultural dentro del terreno, tanto por su forma plástica como por el espacio que ocupa en el lote, menos del 20 % del mismo [3]. Y a lo ortogonal del terreno el edificio le juega con una forma propia sin hacer referencia literal a aquel.

2. Articulación y Flexibilidad

"…En Hostalets todo coincide… funciona como un mecanismo… Todas las cosas son varias cosas a la vez… Directamente pasa a ser algo construido…" [4]
E. Miralles-Came Pinós

Ambos conceptos –*articulación y flexibilidad*- materializados generosamente en esta obra son dos de sus virtudes más importantes. La articulación se halla en todos los niveles del diseño, desde la idea rectora de implantación hasta los detalles constructivos de pequeña escala. La articulación más que un capricho formal se presenta como una búsqueda de mejoramiento y superación de lo convencional corriente ya conocido. Se trata de una actitud y forma del hacer propia de la mentalidad de Miralles y Pinós y las que han sido demostradas en obras posteriores proyectadas de manera conjunta o individualmente. En el CSHB observamos diseños elaborados intencionalmente ante el deseo de enriquecer el proyecto globalmente con gestos puntualizados de pequeña escala e integrados al conjunto –barandas, escalones, carpinterías, antepechos, asientos, pasamanos, etc.-. Consecuentemente no es casual que la articulación en esta obra se encuentre también en gesticulaciones de mayor escala relacionadas con lo funcional, lo formal, lo espacial y aún en lo estructural.

En cuanto al tema de la flexibilidad esta obra consta de dos versiones. En primera medida va asociada a la resolución de los elementos programáticos-edilicios propios de un Centro Social, (bar, aulas, talleres etc.). Luego la flexibilidad sobrepasó las expectativas propias adaptándose a un nuevo y diverso programa de necesidades: Municipalidad o Ayuntamiento.

A) Articulación formal, funcional, espacial y estructural

El proyecto se desarrolla formal y funcionalmente a partir de una forma geométrica desplegada, la cual se va desplazando según sus plantas desde distintos puntos de arranque: unos urbanos y otros arquitectónicos. Los urbanos están relacionados directamente con la ubicación del terreno en la ciudad, sus calles y su medianera. Los arquitectónicos se fijan en los puntos de ingreso y los recorridos circulatorios horizontales y verticales.

En la superposición no convencional de las plantas nos encontramos con el eco de una rica espacialidad, la cual es indirecta e insinuada. No se lee a primera vista si no se la recorre. Se nos presenta una ligera fragmentación *de-constructiva* y se evidencia una aparente sectorización morfológica-espacial. Cada planta funciona como un puente techado relativamente independiente. Así, se crea interior y exteriormente un escalonamiento volumétrico generando relaciones espaciales visuales y físicas. Las visuales hacia el interior de la Sala de Convenciones y Exposiciones (SCE) y hacia el patio del edificio. Mientras que las físicas a través de las terrazas que crean las cubiertas de las dos primeras plantas. Dentro de esta manera de proyectar Hostalets está la relación *dentro-fuera* la cual define el corte transversal de las terrazas y la Sala, idea asociada a lo que Miralles sostenía en su escrito *"El interior de un bolsillo"* [5], por el hecho de reconocer su forma y advertir cómo su tamaño cambia en ese lugar. Al mismo tiempo afirma que si uno vacía y da vuelta esta Sala (SCE) el gesto sería comparable al de dar vuelta un bolsillo donde los objetos se desparraman para recomponerse. De esta manera en la Sala (SCE) las perspectivas desaparecerían para convertirse en habitaciones imaginarias [6].

El diseño del sistema estructural, liberado de columnas intermedias en el espacio interior, está directamente ensamblado con la riqueza espacial y la liberalidad funcional que desea conseguirse en su flexibilidad de uso. La construcción es, en términos generales, convencional al reducirse básicamente a tres materiales -hormigón, perfilaría de hierro y madera- a los que Miralles y Pinós denominan nobles, pues construyen directamente las trazas de sus proyectos [7].

B) El concepto de flexibilidad

La flexibilidad de uso y de cambio son dos virtudes propiciadas por la modernidad desde sus comienzos y que la obra en cuestión entiende en su esencia y la materializa de modo preciso.

El nuevo uso de los espacios funcionales de la propuesta original en las dos primeras plantas bar, sala de lectura y sala de reuniones se convirtieron luego en oficinas municipales. Y la tercera planta de talleres se transformó en Sala de Concejo Deliberante. Cada planta-puente es flexible de alojar diferentes usos que se adapten a su forma lineal.

Los ingresos independientes planteados en el proyecto original para Centro Social se adaptaron sin problemas funcionales a las necesidades propias de una Municipalidad. Funcionan como si hubiesen sido pensados para ello. Aquí la flexibilidad de cambio programático de Centro Social a Municipalidad nos deja a modo de mensaje que el mecanicismo funcional flexible y versátil de la modernidad ha sido prototípico. En este proyecto ello ha sido inteligentemente pensado y ejecutado arquitectónicamente acorde a las necesidades de nuestros tiempos, donde la severidad de lo económico rige los principios arquitecturales.

La arquitectura pensada como una máquina ha generado variadas y negativas interpretaciones. He aquí un buen ejemplo de arquitectura mecanicista donde la función es tan importante como la forma y la espacialidad que nuestros tiempos requieren. La belleza, la riqueza y la plenitud de una obra arquitectónica se verifican cuando además de su beldad formal y riqueza espacial posee una óptima resolución funcional. Esta manera de adaptarse a los cambios de la época creando nuevos tipos y formas renovadas según las circunstancias ha sido el modo en que los autores de Hostalets, sin imitar trivialmente su lenguaje, han reinterpretado la esencia filosófica de la modernidad, aquella que propiciaba desde la aurora del novecientos.

El tema de la flexibilidad es posible de ser considerado también cuando un elemento arquitectónico cumple otra función conjuntamente con la específica para la cual en principio fue pensado. La obra en cuestión presenta ciertos detalles de diseño particularizado, los cuales poseen estas dobles gesticulaciones interesantes de remarcar a saber:

1) Las rampas que nos llevan a los pisos superiores actúan de cobertizo a las escaleras que conducen a los ingresos de la Sala de Convenciones y Exposiciones (SCE). Las mismas rampas son elementos de ingresos individualizados produciendo un atrayente paseo arquitectónico o *promenade architecturale* con visuales hacia el parque proyectado sobre la parte posterior del edificio, tal vez pensando en la idea corbusierana de mover y conmover al paseante.

2) Las vigas de alma calada que a su vez crean superficies aventanadas en sus oquedades, produciendo visuales orientadas a la Sala (SCE) y expansión física y óptica hacia las terrazas. Este juego de doble transparencia que permite la estructura reticulada contribuye al mejoramiento de las condiciones de habitabilidad edilicia permitiendo penetración de luz, aire y percepciones visuales.

3) La cubierta de planta baja elevada es terraza de la del primer nivel, y la cubierta de este será a su vez terraza del último nivel. Vale decir que las cubiertas de las dos primeras plantas, a modo de *roofscape*, funcionan como terrazas de expansión de las plantas superiores.

4) El plano vertical que sustenta el primer tramo de la rampa, resulta ser simultáneamente elemento estructural de la planta baja. Además, en lo formal colabora como elemento opaco, equilibrando por contraste la liviandad de las aberturas de la viga reticulada. Se crea así una nueva variante-tipo de ventana corrida. En consecuencia, la respuesta material y estructural resultante de este juego es una equilibrada relación lleno-vacío.

5) Los triángulos producidos por la rotación sucesiva o desplazamiento de las plantas-puente crean lucernarios que aportan con su luz cenital, una mayor optimización de iluminación natural al subsuelo, nivel donde emerge la Sala (SCE).

6) El corte variado en la zona del ingreso principal, simultáneamente espacio circulatorio vertebral del proyecto resuelve el tema funcional ofreciéndole espacialmente un articulado lugar de altura potenciada debido a la liviandad de sus elementos constructivos tales como escaleras y circulación con características de puente.

7) La planta baja ligeramente elevada respecto del nivel de ingreso principal permite además de la iluminación lineal-continua de la Sala (SCE) en el subsuelo, un interesante despegue alivianando la volumetría edilicia.

8) La cubierta de la última planta además de definir formalmente en su proyección la idea de rotación, crea con su voladizo un espacio semicubierto de gran altura, jerarquizando el ingreso principal al edificio.

9) La idea de escalonamiento en el corte exterior producida por las plantas rotadas crea una interesante variedad altimétrica en el interior de la Sala (SCE), solución que contribuye al armado variado de exposiciones, uno de los temas básicos para lo cual había sido en principio creada.

10) Las persianas de madera protegen del sol las superficies vidriadas y simultáneamente privatizan el espacio interior. Si se pliegan y elevan, al tomar forma de aleros, contribuyen en la creación de sombra sobre las superficies aventanadas.

3.- De la Imaginación proyectada a la Realidad construida

"…Tres espacios y tres actividades no conectadas. Sólo el eco de unas en otras. La sala es la base del proyecto. El colocarla, definiendo sus límites, nos da la geometría del proyecto. Las otras piezas la cubren, formando una estructura en la que una viga de celosía y una jácena de perfiles compuestos conectados pro un pilar metálico, constituyen la unidad estructural que, soportando las sucesivas plantas, construye el techo de la sala…" [8].

En esta obra se manifiesta algo que Miralles mantendrá durante toda su carrera, ese juego interminable de variaciones que contiene un proyecto atando cabos en múltiples direcciones y sostener que una obra nunca se termina, ella siempre está en proceso, lo que naturalmente permite flexibilidad de cambio y uso. Se trata de una forma de trabajar como él mismo lo define en su escrito "*Acceder*" [9]. En Hostalets se da una forma de composición casi por añadidura de elementos autónomos, sin embargo lo que aparentemente pareciera ser una sumatoria integrada de muros, vigas reticuladas, rampas, terrazas, vacíos etc., resulta ser una legítima composición abierta de síntesis arquitectónica con cierta distancia a lo convencional.

Hostalets como las estatuas de Michelangelo expresa dinamismo. Este movimiento de la *oposición armónica* de las partes del cuerpo a la figura humana en la escultura, denominado "*contrapposto*", del cual nos habla Miralles [10] y sobre lo cual reflexiona Rovira [11] es lo que contribuye a romper la frontalidad. El "*contrapposto*" antes de Michelangelo ya lo habían practicado los clásicos griegos Policleto en el siglo V a. C. con su obra escultórica más importante "*el Doríforo*" y Praxíteles de Atenas, el más prestigioso escultor clásico ático del siglo IV a. C. en su escultura el "*Hermes con el niño Dioniso*". El dinamismo armónico que el escultor florentino y los antiguos griegos le otorgan a la forma humana desde la escultura es semejante al que Miralles le confiere al edificio de Hostalets. Es de destacar, sin embargo que la óptica de Miralles es interpretativa propia y diferente de lo que lo inspirara y está alejada de la influencia directa vecina a la imitación. De esta manera es notoria la distancia en su manera de ver para crear o recrear respecto de la forma convencional del mirar para proyectar.

Esta obra aún a pesar del paso del tiempo, su deterioro material y su solitudine, en el sentido como planteara Rafael Moneo este concepto [12], mantiene el mismo nivel de actualidad como proyecto dibujado, obra construida y discurso teórico.

La consistencia de las ideas arquitectónicas se verifica en el tiempo. La construcción en sí misma intenta resistir a los agentes atmosféricos y a los descuidos de sus usuarios-propietarios. El discurso filosófico-teórico del arquitecto encierra ambas y prevé casi proféticamente el destino de su obra en el futuro, tanto en lo material (obra arquitectónica) como en lo espiritual (lo conceptual de las ideas).

El riesgo a la contaminación, de cualquier orden, en un proyecto hay que correrlo sin miedo. El caso en cuestión así lo demuestra. Como también justifica que la arquitectura genuinamente creativa seguirá estando viva mientras haya arquitectos que se dediquen en profundidad a ello, más allá de la fama y la comercialidad que ello implique y aun cuando se proyecte para quien no lo merece.

Del diseño ejecutivo a la construcción parece haber un paso breve, sin embargo, ello es engañoso. Ya que en los dibujos, aún en los más definidos, todavía existe el sueño de la imaginación, mientras que en la construcción despertamos a la realidad ineludible de la luz, del tiempo y del espacio palpable en tres dimensiones.

El conocer constructivo a la hora de proyectar es tan importante como el saber describir con precisión gráfica un proyecto. La obra en cuestión aunque no logre resistir al inexorable paso del tiempo por el abandono de sus administradores no prueba que proyectualmente no haya estado a la altura de las circunstancias constructivas. El CSHB contribuye a precisar tales conceptos porque se trata de una obra que nos permite verificar la materialización de un proceso creativo rico en imaginación proyectual y constructiva.

Notas

1. Pinos Carme, "Following the trace" en The End of Architecture? Documents and Manifestos, NOEVER Peter, Vienna, 1993. "The whole building had to be walkable, palpable; -it is place itself-...From above, from the terrace, it is possible to watch the games that go on in the garden".
2. Miralles, E., "El Croquis" 30, Madrid, 1987, p.9.
3. Podemos calcular estimativamente la superficie del lote en uno 3300 m2 y la superficie de edificio que lo ocupa aproximadamente 550m2.
4. Miralles E. –Pinós C., "Imaginar Edificios, Edificar Imágenes Edificio "La Pista" en Els Hostalets del Balenyá- Barcelona" A-30 Publicación de Arquitectura n° 6, Barcelona 1987, p.16.
5. Miralles E., "El interior de un bolsillo" El Croquis Enric Miralles 1983-2000, Madrid, 2002, p.113.

I

6. Mira Miralles E. - Pinós C., "Centro Social de Hostalets" el Croquis 49+50, Madrid, 1991, p.200
7. Miralles E. -Pinós C., "Imaginar Edificios, Edificar Imágenes Edificio "La Pista" en Els Hostalets del Balenyá- Barcelona" A-30 Publicación de Arquitectura n° 6, Barcelona 1987, p.16
8. Miralles E. - Pinós C., "Centro Social de Hostalets" el Croquis 49+50, Madrid, 1991, p.200
9. García Estévez, Carolina, Palabras, Verbos... y otros compañeros de viaje: una antología para Enric Miralles. DC: Revista de crítica arquitectónica-Papeles DC, Revistas i Congressos UPC, 17-18, ⏹. 13-60. Barcelona 2009, p.19.
10. Miralles, E., El Croquis, Número compilatorio del trabajo de Enric Miralles, Madrid, 2005, p.114.
11. Rovira Josep María, Enric Miralles 1972-2000, Fundación Caja Arquitectos, Barcelona, 2011, p.135.
12. Moneo, R., Rafael, "Per una teoría dell´Architettura: La Solitudine degli edifici", Casabella 666, Milano, 1999, p. 33

51

Bibliografía

Garcia Estevez, Carolina, "Palabras, Verbos... y otros compañeros de viaje: una antología para Enric Miralles". DC: Revista de crítica arquitectónica-Papeles DC, Revistas i Congressos UPC, 17-18. 13-60. Barcelona 2009.
Miralles Enric - Pinos Carme, "Imaginar Edificios, Edificar Imágenes Edificio "La Pista" en Els Hostalets del Balenyá- Barcelona" A-30 Publicación de Arquitectura n° 6, Barcelona 1987.
Miralles Enric, "El Croquis 30", Madrid, 1987.
Miralles Enric - "Pinos Carme, El Croquis 49+40", Madrid, 1991.
Miralles Enric, "Obras y Proyectos", Milán, 1996.
_____, "El Croquis 1983-2000", Madrid, 2002.
_____, "El Croquis, Número compilatorio del trabajo de Enric Miralles", Madrid, 2005.
Moneo Rafael, "Per una teoría dell´Architettura: La Solitudine degli edifici", Casabella 666, Milano, 1999.
Pinos Carme, "Following the trace" en The End of Architecture? Documents and Manifestos", Noever Peter, Vienna, 1993.
Rovira, Josep María, "Enric Miralles 1972-2000", Fundación Caja Arquitectos, Barcelona, 2011

Claudio Daniel Conenna

La expresión de una línea museística singular

JOSÉ MANUEL FALCÓN MERAZ

"Si existiera un concepto que pudiera simbolizar el pensamiento moderno, ése sería sin duda el museo. La revolución tecnológica inducida por la informática y los nuevos medios de comunicación ha cambiado estos últimos años nuestra forma de vivir e igualmente han conducido a transformar la concepción de los museos."
Francisco Asensio Cerver, *Panorama de l'architecture contemporaine*, 2000.

Sinopsis: El presente artículo es una reflexión sobre la evolución del concepto de museo y el papel que ha jugado la línea museística Guggenheim. Se relacionan los conceptos de concepción-expresión situando el papel de la representación en la acción arquitectónica, ya que está presente a lo largo todo el desarrollo del proceso, como medio de comunicación visual. La innovación dentro de una tipología tan tradicional, necesita un lenguaje gráfico que la constituya como tal, que facilite al arquitecto una comunicación introspectiva y el entendimiento de su propuesta, hacer que la arquitectura dialogue consigo misma, para después ser capaz de exteriorizarse hacia un cliente, a la crítica o al público en general.

La metamorfosis que ha experimentado el concepto de museo a lo largo de la historia es tremenda y se ha reflejado de una manera contundente en su arquitectura, donde los espacios públicos concebidos para la exhibición visual han cambiado de forma acelerada.

Asimismo, los museos se han vuelto más accesibles a la sociedad, y hoy en día son un gran espacio de comunicación de la sociedad y reflejo de la cultura del sitio. Como casi todo hoy día, el arte es un fenómeno de masas. Se puede decir que la historia del museo como concepto es bastante reciente. Así, los más antiguos se gestan en la época de la Ilustración, cuya evolución formal y conceptual ha seguido hasta nuestros días. Mucho tiempo ha pasado desde aquellos "dibujos fantásticos" de Étienne Louis-Boullée o la representación diédrica del "museo dibujado" de J.N.L Durand, cada época ha hecho su propia interpretación del concepto museo, y lo ha expresado mediante textos, dibujos y formas arquitectónicas provenientes de esa interpretación.

En este contexto existe una línea museística que al margen de la ética, ha implementado la filosofía de su expansión por medio de museos satélite, una idea innovadora, tremendamente controversial, pero a la vez, bastante simple. Se trata de la línea de museos de la Fundación Guggenheim. La evolución en el diseño propio de un museo Guggenheim ha tenido un desarrollo en paralelo con los vertiginosos cambios que ha sufrido la arquitectura, debatiéndose entre el cambio de conceptos y la necesidad de impacto mediático, lo que ha generado una línea museística que se ha expresado con una arquitectura al borde de la utopía y buscando su propia expresión del *Zeitgeist*. Esto ha propiciado una evolución del espacio de exhibición, que hoy en día se muestra como una fusión de arquitectura y arte.

Se distingue la importancia de la publicidad y el marketing en estos proyectos, tanto de la arquitectura como del mismo proceso creativo, intentando situarlos como "artefactos culturales internacionales" y ser sobre todo innovadores, llegando al grado de presentar una mezcla de museo-espectáculo. Esta idea viene potenciada por la fuerza cultural global, y toda la arquitectura del "*star-system*". Como consecuencia de estos factores, la producción gráfica que sustenta el proyecto es bastante rica y del mismo carácter que la arquitectura que se busca desarrollar.

Existe una relación importante entre tres conceptos: el museo, su arquitectura y su representación, –la que incluye el discurso del autor, sus bocetos, dibujos de presentación y maquetas. Esto lleva a la conclusión de que no hay museo sin arquitectura, y no hay arquitectura sin representación. Lo que sí es posible es encontrar representación sin museo, como reflejo de la imaginación del arquitecto, o mejor dicho de su sentido de la forma, independientemente de materializar la arquitectura o no. A lo largo de la historia se ha demostrado que arquitectos como Piranesi, Boullée, Durand o los mismos Archigram lograron con sus "arquitecturas dibujadas" influenciar la evolución de futuras concepciones arquitectónicas, aún sin llevarlas a la construcción. De hecho, muchos momentos clave de la historia de la arquitectura, muchas influencias importantes han estado marcadas por dibujos que han llegado a ser paradigmáticos, que fueron, quizás, salidas desesperadas de visionarios que sabían que nunca podrían construirlos, pero que serían la base de movimientos y obras clave posteriores.

El primer museo de arte contemporáneo, el *Museum of Modern Art* (MoMA), abrió el camino para la implantación del museo de la Fundación Guggenheim. Aunque diametralmente opuestos en sus espacios, ambos museos eran radicales en cuanto a su arquitectura. El MOMA con la apariencia de La Bauhaus y con ideología de "maquina de exhibición" era algo no visto; por otra parte el Guggenheim de Nueva York, además pondría énfasis en la arquitectura como monumento e intentaba dar al relato histórico una representación cinematográfica por medio del recorrido en espiral siendo una denuncia a la volumetría de Nueva York [1]. La Fundación manifestó desde sus inicios la necesidad de una obra que fuera enigmática y representativa del arte contemporáneo y para ello siguieron una tendencia que aún permanece viva en los proyectos de esta línea museística: el recurrir a la "arquitectura de firma". La organización encomendaría un anteproyecto a Frank Lloyd Wright, considerado hasta ese momento el mejor arquitecto de América. Wright formuló varias propuestas hasta dar con la óptima, haciendo una reinterpretación de unos bocetos de 1924. Con sus modelos convencería al presidente de la Fundación. Una obra tan singular necesitaba también de cambios en la representación de la misma. Si bien Le Corbusier había realizado dibujos de sus casas a manera de *storyboards*, Wright dibujaría una especie de recorrido interior, con las perspectivas rotuladas "The Watercolor Society", "Average Sculpture and Painting", "Middle of the Road" y "The Masterpiece", experimentaba en su estilo gráfico, en su búsqueda de representar la continuidad espacial y además a diferencia de Le Corbusier señalaría las distintas situaciones que se generarían en el museo, por medio de personajes viviendo su edificio en sus distintas áreas. Con esto Wright expresaba una espacialidad secuencial; en sus dibujos existe una intención de representar los diferentes aspectos de la forma a medida que se recorre. En los dibujos de exteriores, se destaca el que Wright utilizara sombras para representar la curvatura ya que, en dibujos anteriores a éstos, se mostraba indiferente ante los efectos del claroscuro. Aquí, más que en cualquier otro proyecto, se presentaba una forma curva que parecía requerir una completa representación de las sombras de la superficie; en lugar de ello el juego de la luz se describe mediante puntos y líneas, y aunque se hace un cambio, la línea externa de los volúmenes es predominante.

Algo muy característico de su estilo representacional es la variación de una misma perspectiva al darle distinto tratamiento. Wright utilizaba todas las variables gráficas intentando explicar al máximo el aspecto que tendría su diseño en el emplazamiento. Siempre resaltaría la importancia del atrio como fuente de iluminación hacia el interior, y hacia el exterior. No quedaría completa la representación sin la utilización de las maquetas. Wright realizaría dos modelos, uno que permitía ver el interior del atrio; y otro modelo en sección para hacer hincapié en la experiencia del recorrido y las relaciones entre áreas. La oficina de Wright agotó los recursos de la época en que fue realizado.

Después de este museo icónico, se abre una nueva etapa durante la segunda mitad del siglo XX; a partir de este momento se le da una mayor importancia al factor arquitectónico, dando más libertad a la expresión individual [2]. Asimismo, los museos se acercan aún más al espectáculo y a las actividades comerciales. Surgirían modelos de museo con estas tendencias, como el Beaubourg en Paris. Se ha pasado de una concepción de museo como "caja sagrada" a algo más parecido a un cine o a un teatro. Nadie dirige hoy en día un museo sin pensar en la programación. Tras la necesidad de espacio y la fuerte competencia, la Fundación busca constantemente extenderse, pero siempre estudiando la viabilidad de sus proyectos y cuidando el prestigio de la marca. Porque como diría Rem Koolhaas en su libro *Projects for Prada*: "La expansión indefinida representa una crisis: en el caso típico ella deletrea el fin de una marca como empresa creativa y el comienzo de una marca como una pura empresa financiera" [3].

El primer crecimiento se realizó en el mismo edificio. Gwathmey & Siegel ampliaría la sede neoyorquina con un proyecto modesto y respetuoso, aunque ineficaz. Se remitieron a seguir los lineamientos dejados por Frank Lloyd Wright en antiguos dibujos. Ante la imposibilidad de realizar mayores modificaciones a un hito de la arquitectura moderna, realizaron una torre anexa para ampliar la superficie disponible para exhibición y oficinas. Expresarían siempre el respeto a lo existente y así lo reflejarían en sus axonometrías lineales y maquetas de color neutro, recursos de representación propios de la arquitectura moderna.

Ante la necesidad de crecer aún más, adecuarían una galería en el popular Soho de Nueva York, encomendada al reputado arquitecto japonés, Arata Isozaki. Este "piso de exhibición" buscaba especializarse en el arte digital. No tendría mucho éxito debido a la proximidad de la fuerte presencia del "templo a la no-objetividad". Con una sede ya establecida en Venecia desde 1979, en el Museo Peggy Guggenheim, la Fundación tenía intenciones de establecer un "centro de distribución" en un edificio próximo al Palazzo Vernier dei Leoni, de alto valor histórico, para rentabilizar las costosas exposiciones rotativas. El edificio era la antigua casa de aduanas de Venecia, La Punta della Dogana. El proyecto no se materializó por cuestiones políticas, a pesar de varios años de gestión. Tras ese traspié, surgirían las alternativas de Viena y Salzburgo, ambos proyectos del arquitecto ganador del Pritzker de 1985, Hans Hollein.

El proyecto de Viena trataba de regenerar todo un tejido urbano por medio del museo, aprendiendo de la experiencia del Centro Georges Pompidou, y de otros museos que seguían la estela del Altes Museum de Schinkel. Sin embargo, el más cercano a realizarse sería el de Salzburgo. A la Fundación no le interesaba el proyecto, hasta ver la espectacular maqueta de Hollein. Es aquí donde se puede ver la importancia de la representación arquitectónica, ya que una maqueta posibilitaría la construcción de un edificio de un alto costo.

Este museo se mostraba como uno digno del Guggenheim, siguiendo el ejemplo del museo de Wright, era un "museo excavado" con recorrido en espiral, pero en sentido inverso. Recurrió –al igual que este último–, al modelo en sección para mostrar ese mismo recorrido cinemático, las conexiones entre áreas y la compartimentación del museo. Un museo diseminado y más que adaptado a un sitio, creador de un lugar. Lo controversial del emplazamiento, conocido como la "roca sagrada", no dejaría llevarlo a cabo; sin embargo, permitió a la Fundación formarse la idea del tipo de recinto que buscaría a partir de este momento. La idea ahora, consistía en un museo diseminado, cuyo resultado fuera mayor que la suma de sus partes, que se apropiara del emplazamiento, y por supuesto, que fuera de "arquitectura de firma". Ello le tendría asegurado el impacto mediático y el éxito entre las masas, que irían a ver la interacción de arte y arquitectura.

La línea museística ha contribuido a la identificación, hoy en día, de la arquitectura y del museo en sí, como un fenómeno mediático. Finalmente, los sueños de expansión de esta línea museística se materializaron en Bilbao, donde desechado el "Cubo", habría que buscar los "sueños de titanio".

El concurso contemplaba una vez más a Isozaki y por primera vez, a los Coop Himmelblau y a Frank O. Gehry. Para el concurso, Arata Isozaki presentó bocetos de su idea de un museo monolítico, con amplias y obvias referencias del Guggenheim de Wright, pero ni la idea ni la expresión de la misma convencieron a los miembros del Comité. Se vería imposibilitado para expresar la tridimensionalidad de una edificación tan compleja en unas cuantas imágenes. Las armas gráficas demostradas en el concurso se quedarían muy lejos comparadas con el impacto visual y formal de Gehry, y sus únicos competidores en términos de forma, los Coop Himmelblau.

La expresión del proyecto y las ideas de la Fundación con cordaban más con las arquitecturas de Gehry y Coop Himmelblau, puesto que iban más hacia lo escultórico y espectacular. "Una parte de la arquitectura ha planteado su artisticidad y conceptualidad como valor máximo. Las esculturas –edificio de Frank Gehry, del Grupo SITE o de Coop Himmelblau– pretenden permanecer en el lugar no por su solidez, contundencia, trascendencia o monumentalidad sino por ser obras de arte singulares, frágiles y auténticas" [4]. Otro punto coincidente es que a la obra arquitectónica de ambos concursantes se le veía influenciada y relacionada con el mundo del arte. Incluso J.M. Montaner señala una posible relación entre los procesos creativos de ambos estudios de arquitectura y el surrealismo. Así dirá que: "Más allá de esta transposición formal, existirá un segundo nivel de entrecruzamiento más profundo al establecer una relación estructural o mental; no copiar las formas sino los procesos, métodos y criterios que están en la base de dicha corriente artística. Es lo que sucede con (...) Gehry y la Coop Himmelblau y la reinterpretación de los mecanismos creativos del surrealismo" [5].

Los Coop Himmelblau no serían derrotados hasta el final; su propuesta deconstructivista, expresada mediante una maqueta de volúmenes cúbicos entrelazados por pasarelas exteriores, cautivó al Comité e hizo dividir opiniones. Su procedimiento de generar un volumen y mezclarlo con el boceto del mismo para generar la forma final, resultaba sugerente. El diseño de la Himmelblau, aunque cautivador, guardaba un parecido con aquellas "dos gigantescas rocas encalladas en la desembocadura del río que forman parte del paisaje, no de la ciudad" [6], diseñadas por Rafael Moneo en 1990 y conocidas como el Kursaal. La proximidad entre Bilbao y San Sebastián, y el riesgo de un conflicto social desechó el proyecto. Gehry estaba destinado a llevarlo a cabo.

Frank O. Gehry representaba la radicalidad del museo que se buscaba construir, "La arquitectura deconstructivista practicada por Gehry presenta espacios radicales y alzados que retan las nociones de lo que la arquitectura "debería de ser", nociones que fueron establecidas y reforzadas en este siglo tanto por la arquitectura humanista clásica como por la arquitectura vanguardista del Modernismo" [7]. Gehry, es un nuevo Wright de fin de siglo, y no sólo porque los dos se llaman Frank, son norteamericanos, hacen del Guggenheim su obra cumbre y, probablemente, compartan la misma arrogancia de los que hacen de su profesión, su identidad.

Él ganaría el concurso de ideas con sus modelos seriados, de los cuales presentó los últimos tres; ante la imposibilidad de mostrarlos todos utilizó además las fotografías de todos los demás modelos conceptuales. En este concurso se puso de manifiesto una vez más la importancia de la representación, la cual fue el instrumento para ver, vencer y convencer. Esa importancia de una buena representación, se hace más evidente en el caso de Gehry, ya que parece obvio que por lo complicado de sus formas, si un cliente no tiene la referencia del modelo físico, no le es fácil entender el edificio por medio de dibujos. Aunque cautivador, su proceso creativo iterativo, creaba desconfianza en los miembros del Comité, porque una vez más en la historia de esta línea museística, estaban ante una forma jamás construida.

Gehry recurriría a los medios informáticos para complementar su proceso y posibilitar las formas de este museo, del que se atreve a decir, que no se hubiera podido materializar sin la tecnología informática. Esas formas plásticas que tanto problema le darían en el museo Vitra, ahora eran aún más complicadas, y trasladar el boceto en algo material parecía imposible. Gehry atribuye el secreto de sus diseños al dibujo, pareciendo estar de acuerdo con ideas como la de Aristóteles, que había dicho ya, que el alma jamás pensaba sin una imagen; o el propio Einstein que diría: "Si no puedo dibujarlo, es que no lo entiendo". Estos bocetos de Gehry son controversiales, sobre todo por su ilegibilidad y la paradójica importancia atribuida. Sin embargo, el estudio de su proceso creativo nos conduce a la conclusión, de que es más el entendimiento con el personal colaborador y ese discurso verbal que acompaña al boceto, el secreto de su validez. Como sucede en varias oficinas de arquitectura, se genera una especie de lenguaje privado entre el productor del "jeroglífico" y su traductor. Frank O. Gehry había realizado el Guggenheim sin haber manipulado personalmente un ordenador, pero siendo mejor sabedor de lo que le podría permitir la nueva tecnología, que cualquiera de muchos jóvenes superdotados para el manejo del CAD.

El primer gran edificio identificado con el inicio del siglo XXI, fue realizado por un arquitecto que había desarrollado gran parte de su carrera con herramientas convencionales. Su método es una racionalización y sistematización de otro que comienza en un nivel tecnológico muy bajo, mediante papel y bloques busca encontrar una determinada forma. Traslada el método convencional de ensayo y error –trial and error– en un proceso digital iterativo. Sin embargo, el método no es tan radical, ya que su diseño no está conducido por el ordenador. Albert Einstein alguna vez diría: "Si no puedo dibujarlo, es que no lo entiendo", este pensamiento se corresponde en el campo arquitectónico con lo que dice William J. T. Mitchell: "Los arquitectos tienden a dibujar lo que pueden construir y construir lo que pueden dibujar" [8]. Helio Piñón dice que: "se debe aprender a dibujar a medida que se aprende a hacer arquitectura. Una cosa y otra deben ser lo mismo. A menudo se piensa sólo aquello que se puede representar, nosotros dibujamos tan sólo lo que conseguimos conocer" [9]. Estas últimas acepciones sugieren que hay una estrecha relación entre lo que se proyecta en correspondencia a la capacidad de representarlo, la aparición del ordenador estaría ampliando el catálogo de formas posibles de llevar a la realidad, ya que permite una mayor precisión y control espacial.

El ordenador llevaría por tanto, al dibujo y al diseño a un campo más amplio, dotado de mayor libertad formal. Los medios informáticos serían claves en el desarrollo de la arquitectura de Gehry y del museo Guggenheim. Las formas empleadas por Gehry llevaban bastante tiempo gestándose y en su caso la creatividad no se ve modificada por el uso de los medios informáticos, sino que la informática se convierte en el medio que le permite materializar tal creatividad. En el caso particular de Gehry podría ser adecuada la afirmación de J.M. Pozo, quien dice que: "el ordenador es a la arquitectura lo que la máquina de escribir a la literatura: un instrumento" [10], y aún más se puede decir que un instrumento sobre todo de precisión.

El CATIA, software de la industria aeroespacial, le serviría al arquitecto ganador, para llevar a la realidad este museo, mediante un entendimiento con los constructores, comunicándoles de manera eficaz los diversos detalles de este "artefacto cultural internacional". La informática estaba propulsando la arquitectura, ya que habría nuevas posibilidades de materializar formas complicadas. No modificaba la creatividad, puesto que el sentido de la forma ya está en cada arquitecto, sino que brindaba nuevas herramientas para hacerla realidad.

Cuando en 1997 se inauguró el Museo Guggenheim Bilbao de Frank Gehry, la historia de la arquitectura entró en una nueva etapa. Éste era el primer arquitecto que, mediante la utilización de tecnología digital, había hecho posible la construcción de un edificio formalmente complejo cuya erección, en caso de haber carecido de la tecnología adecuada, habría sido dificilísima o, directamente, imposible. El Guggenheim de Bilbao marcaría una transición entre épocas, de la arquitectura y de los museos. Fue creado por un arquitecto que no piensa en términos digitales y que trabaja con modelos reales y que emplea la tecnología escaneando sus maquetas en tres dimensiones con objeto de generar la información que permita su desarrollo constructivo. Este edificio es, por tanto, el primer museo construido en una nueva era tecnológica.

61

Boston, Venecia, Salzburgo, Viena, Osaka, Graz, Tokio, Moscú, Santander, Sevilla, etc., estuvieron entre las posibles sedes del proyecto de Guggenheim global, que finalmente se materializaron en el espacio extraño de la arquitectura de Frank O. Gehry. Se hace evidente un nuevo resurgimiento del museo como espectáculo, de arte y también de arquitectura. Todas las sociedades en las que dominan las condiciones modernas de producción se presentan como una inmensa acumulación de espectáculos. Todo aquello que alguna vez fue vivido directamente, se ha convertido en representación. El espectáculo no es una colección de imágenes, es más bien una relación social entre personas mediatizada por las imágenes. En este sentido el museo juega un papel importante.

La arquitectura es en sí una representación, o mejor dicho un sistema de representaciones superpuestas. Un edificio será una representación material de un conjunto de dibujos, escritos, fotografías, pensamientos, etc. Así, de esta manera, el museo es el elegido para representar a la cultura y la arquitectura ha tenido un modelo de museo representativo de cada época. Estos modelos, a su vez, han encontrado su propia representación por el estilo gráfico de cada autor desde el "museo ideal" hasta el museo producto de la nueva era informática.

Después de Bilbao, podemos concluir que la tendencia expansionista de la Fundación se define entre dos tipos de proyecto. El museo icónico y el centro de distribución. Esta expansión puede ser medida en dos niveles: cantidad y calidad. Se dirigió hacia dos vertientes "el museo como monumento" y "el museo como piso de exhibición" siempre buscando a la figura mediática para llevar a cabo las propuestas. A fin de cuentas, entre los proyectos que se ejecutaron se crearon un par de esculturas habitables, capaces de captar al espectador y ser la obra más importante que se exhibe a si misma, a la vez conteniendo a la colección.

El Museo Guggenheim Bilbao es importante porque es una especie de experimento que define el futuro del museo como institución. A partir de él, se fijan nuevos estándares en la línea, ya que los museos siguientes intentarán superar a sus predecesores, tomándolos como referencias y buscando primordialmente el impactar al público, al espectador, quien a fin de cuentas es quien rige el mundo de la arquitectura. Parte del éxito que goza la arquitectura de museos actual se debe a esta línea museística. Se atrevieron a romper esquemas y eso ha provocado que en la actualidad el museo sea el proyecto con el que sueña cualquier arquitecto.

Los museos son proyectos buscados por los políticos, impulsados por los medios de comunicación, reclamados por los círculos culturales y disfrutados por las masas. Hoy en día –como cuando se construían catedrales–, se espera que el nuevo museo –y más si es de la línea Guggenheim– reúna cualidades espectaculares y sea relevante en su expresión, arquitectónicamente hablando. Los espacios grandes y plurifuncionales serán importantes sin importar tanto la colección que circule en ese momento. A partir de Bilbao se han fijado nuevos parámetros, que la arquitectura de firma está dispuesta a llevar y continuar, pues los museos reúnen bastantes condiciones para seguir proliferando dentro de la arquitectura de la ciudad, sobresaliendo dentro de ella, y siendo en mayor medida que otros tipos de edificación, los poderosos impulsores de la innovación expresiva de la arquitectura de la época.

Notas

1. Zevi, Bruno, "Frank Lloyd Wright", 6a ed., Barcelona: Gustavo Gili, 1995, p.248.
2. Fernández-Galiano, L., "El arte del museo", AV Monografías, V-VI (71), 1998, p.3.
3. Koolhas, Rem, *"Projects for Prada"* "La expansión indefinida representa una crisis: en el caso típico ella deletrea el fin de una marca como empresa creativa y el comienzo de una marca como una pura empresa financiera"
4. Montaner, Joseph María, "La modernidad superada", Arquitectura, arte y pensamiento del siglo XX., Barcelona: Gustavo Gili, 1998, p.163.
5. Ibídem, p. 164.
6. Jodido, P., "Architecture Now!" ed. Vol. 1., Koln: Taschen, 2002, p.116.
7. Hornbeck, E., "Architecure and advertising", Journal of architectural education, Sepetember, 1999, 52-57.
8. Mitchell, W.J., "Roll Over Euclid: How Frank Gehry Designs and Builds", in Frank Gehry, Architect, 2001, p. 354.
9. Gámiz-Gordo, A., "Ideas sobre análisis, dibujo y arquitectura", Sevilla: Universidad de Sevilla, 2003, p. 91.
10. J.M. Pozo, quien dice que: "el ordenador es a la arquitectura lo que la máquina de escribir a la literatura: un instrumento".

Bibliografía

Fernández-Galiano, L., "El arte del museo", AV Monografías, ÇV-VI (71), 1998.

Gámiz-Gordo, A., "Ideas sobre análisis, dibujo y arquitectura", Sevilla: Universidad de Sevilla, 2003.

Jodidio, P., "Architecture Now!" ed. Vol. 1., Koln: Taschen, 2002.

Mitchell, W.J., "Roll Over Euclid: How Frank Gehry Designs and Builds", in Frank Gehry, Architect, 2001.

Montaner, J.M., "La modernidad superada. Arquitectura, arte y pensamiento del siglo XX", Barcelona: Gustavo Gili, 1998.

Zevi, B., "Frank Lloyd Wright", 6a ed., Barcelona: Gustavo Gili, 1995.

El muelle de Huanchaco

JOSÉ CARLOS MARTÍN GALLARDO ULLOA

Huanchaco es el balneario más importante de Trujillo, está ubicado aproximadamente a unos 15 km de esta Ciudad del norte del Perú. Es una antigua caleta de pescadores, su origen se remonta hace más de mil años, y proveía del producto marino a los habitantes de la Ciudad de Chan-Chan, capital del imperio Chimú. Según el idioma nativo, Huanchaco significa "pescado de oro", debido al gran valor que le dieron al preciado recurso.

Durante siglos, esta hermosa playa ha sido lugar de la pesca artesanal, actividad tradicional heredada por generaciones de antaño. Hasta la fecha se puede observar, fusionándose con el paisaje natural, a los hombres montados en sus caballitos de totora [1], que surcan los mares con sus redes para obtener el preciado sustento. En las familias más tradicionales de Huanchaco, por lo menos uno de sus miembros se dedica exclusivamente a la pesca artesanal, teniendo su propio espacio para ello, pues el mar está dividido por parcelas para la explotación ordenada y distribución democrática del recurso.

Con toda esta gran riqueza natural y cultural, este poblado se convirtió desde principios del siglo XX, en la zona de veraneo preferida de las familias trujillanas más distinguidas, asentando sus viviendas alrededor del tradicional pueblo. Actualmente, es la zona turística recreativa más importante y de mayor identidad de todos los habitantes de Trujillo, manteniéndose aún sus tradiciones ancestrales.

Existe una fuerte conexión entre los pobladores de este lugar y el mar. Lo que provocó que su muelle, se convirtiera consciente o inconscientemente, en la conexión física entre ambos mundos, una forma de penetrar al mar sin necesidad de ingresar precisamente en él; se transformó en un medio para explorar el mar, remontarlo, invadirlo, formar parte de él, de una manera más pasiva, pero no menos emocionante, así como también, formar parte de la aventura del pescador montado en su caballito de totora que con el vaivén de las olas, hace un juego mágico y cadencioso, exótico casi erótico, en su integración con el mar.

Diariamente, y mucho más durante los fines de semana, llegan cientos de personas de Trujillo que conjuntamente con los propios huanchaqueros, hacen uso de este espacio para recorrerlo, vivirlo y gozarlo. Es común, ver a familias paseando por este espacio disfrutando del buen clima en casi todo el año y niños jugando a lo largo de todo el recorrido; también se aprecian los pescadores de hilo que desde temprano buscan un espacio para conseguir los mejores peces, incluso ahora al ingresar al muelle, venden hilo de pescar y carnadas para que cualquier visitante forme parte de este espectáculo de hilos y carnadas, de peces y pescados, de alegría y emoción, emulando al que se ve en el horizonte, al que se enfrenta realmente con el mar.

Pero, lo que nunca deja de apreciarse en el Muelle de Huanchaco, son las parejas de novios, que en sus recorridos lineales en atardeceres y noches, necesariamente interrumpidos en el camino, se dan un beso internándose cada vez más en un medio desconocido y mágico, y dónde las glorietas sirven de refugio a la brisa y protección de las miradas, pudiendo integrarse visual y físicamente en este mar platinado, que cuando es bañado por la luna, pareciera que brotan chispas de luz en las olas, creándose un escenario perfecto para el amor.

Así, este muelle se convirtió en el espacio urbano necesario para realizar los rituales del mito ancestral de integración de dos mundos. Una integración que unifica, homogeniza y que marca una identidad de su comunidad.

Las actividades que se realizan en este muelle suelen ser las mismas, lo único que cambia son las personas, y de acuerdo con las circunstancias, se realiza el acto ritual de recorrer y vivenciar el espacio, con una mezcla de emociones de temor y alegría, en una mágica internación en este medio desconocido y hermoso, para formar parte de él y sentirse una persona de mar, como lo que realmente somos los trujillanos.

En este comportamiento social, existe una lógica particular, reforzada y cimentada por la antigua tradición de los hombres de pesca, pero también existe el aspecto irracional, más propiamente dicho el emocional, pues el comportamiento se convierte en una reiteración emotiva y también simbólica de esta ancestral simbiosis. Asimismo, existe una dualidad de pensamiento (propuesto por Kant), de homogeneidad, buscando un común denominador entre los miembros de la comunidad y al mismo tiempo de diferenciación, presentándose diversas opciones para actuar en dicho espacio, de acuerdo a la persona, al momento y al estado de ánimo.

Para entender el mito del dialogo entre el binomio hombre-mar, como dice el filósofo de origen prusiano Ernst Cassirer, hay que entender el rito, y en este caso se confirma la máxima. Observando el actuar de la gente que visita y vivencia el muelle de Huanchaco, uno puede entender la mágica relación del hombre con el medio marino, no sólo productivamente, sino que el hombre se convierte realmente en el nexo de dos mundos, la tierra y el mar, que se tocan, pero que son opuestos, y en tanto el muelle ayuda a tal efecto.

Cassirer, plantea que "el mito nos ofrece una unidad de sentimiento (...) y la identidad fundamental de la vida" [2], y aquí ocurre de esta manera. La vida del trujillano y más propiamente el huanchaquero, está siempre relacionada con el mar, incluso la comida típica trujillana se basa en especies marinas. Somos los trujillanos hombres de mar por excelencia, y hemos encontrado en Huanchaco, un medio para dejar fluir ese sentimiento. El penetrar en el mar, bañarnos en él y pasear en el muelle nos devuelve y aviva en nosotros tal sentimiento.

Estas actividades que realizamos en el muelle, parafraseando a Cassirer, son las expresiones de nuestro sentimiento homogéneo. Algunas aparentemente no son tan lógicas. Nos vamos al muelle y pescamos con hilo y carnada no para alimentarnos; lo que realmente hacemos es emular simbólicamente al verdadero pescador que ingresa osadamente al mar, y nosotros a través del muelle, lo realizamos sin mayor peligro. El recorrido que hacen los novios, también es reiterativo y aparentemente monótono, pero tiene un trasfondo simbólico, pues existe no sólo el placer de buscar un sitio romántico en este espacio, sino el hecho de integrarse con el mar físicamente. Estar entre dos mundos opuestos, ser mitad terrestre, mitad marino y hacerlo en pareja, le brinda a esta experiencia una connotación de continuidad, una búsqueda de perennizarse en este medio aparentemente infinito.

José Carlos Martín Gallardo Ulloa

El pescador de Huanchaco se convierte, asimismo, en el héroe de todos los habitantes y visitantes de esta caleta. Es sin duda, el ejemplo de héroe de ese mito ancestral: el encuentro del hombre con la tierra y el mar. Este hombre sin nombre, resulta ser el guía silencioso de todas las necesidades y expresiones psíquicas de los visitantes del muelle y nos hace sentir parte integrante de este nuevo orden ecológico. Él representa el esfuerzo, la acción y la lucha para lograr todo ello, y eso es expresado en el rito de emulación que los visitantes al muelle realizan en dicho espacio. No es sólo por diversión, puesto que existe un trasfondo muy fuerte de compenetración e identificación con esta tierra y este mar, siendo el símbolo de todo ello el pescador artesanal sobre su caballito de totora.

Ernst Cassirer en el libro ya citado, refiere al héroe de Thomas Carlyle, el cual resulta ser un hombre con muchas cualidades que lo identifican y lo llevan incluso a ser líder de grandes naciones e imperios, pero también existen los héroes anónimos, y éste es uno de ellos. Es un hombre común, sin don de la palabra, ni una mente lucida, incluso no es realmente uno solo, sino todos hechos uno. Sin embargo, es el símbolo de esta sociedad huanchaquera, es el osado, el valeroso y esforzado, es tan importante como el pueblo mismo, es el que ha edificado el paisaje y todo el ambiente con su propia imagen.

Cassirer nos dice, "el hombre forma siempre su imagen de la naturaleza de la suya propia" [3] y en este caso, este hombre lo ha logrado, ha encontrado el poder y dinamismo en Huanchaco y ello lo trasmite en su propio ser, en su actividad, en su imagen.

En un ambiente basado en dos medios como el mar y la tierra, existe una relación espacial muy particular entre ellos, que aunque se tocan y conviven siempre, no se combinan. En realidad se podría decir que la tierra es la que contiene a esta gran masa acuosa, pero lo que se percibe es que el mar llega a la orilla y se regresa a su espacio, no existe una conexión aparente entre estos dos medios, más que en este punto límite, son dos ámbitos que coexisten en el paisaje natural pero sin compenetrarse.

Esta dualidad es permanente en este tipo de ambientes, pero es el hombre el que los integra y logra una unidad entre ellos, en muchos casos con una gran riqueza tanto productiva como ecológica.

Durante cientos de años se ha ido cultivando y acrecentando una conciencia colectiva o como dice Wilhelm Worringer, una sensibilidad artística de la sociedad para la creación de espacios que logren expresar esa riqueza de interacción humana. Él nos dice, los hechos artísticos son "formaciones o productos de ciertas categorías apriorísticas, de ciertas inclinaciones primarias de la sensibilidad artística y aún mejor, de la sensibilidad general" [4].

Asimismo, se ha ido consolidando una necesidad psíquica para conectarse cada vez más en ambos medios de esta zona de borde, en este límite que los une y a la vez separa. Y debido a ello, se han creado una serie de espacios regidos por una voluntad creativa colectiva; es decir, una necesidad de expresar todo ese sentimiento social. En palabras de Worringer, "las continuas mutaciones de esa relación entre el hombre y las impresiones del mundo circundante, constituyen el punto de partida para toda psicología de gran envergadura" [5].

En este caso, el muelle en estudio, se convirtió en una necesidad colectiva de expresión física de dicha conexión o interacción de la tierra con el mar, y, por lo tanto, el ser humano se convirtió en un ente activo que potencia y enriquece el equilibrio ecológico, creando nuevos ciclos de vida, nuevas relaciones entre los elementos que conforman el ambiente natural, construido y social.

Este espacio como potencializador de ese sentimiento no es el único, pues existen otros elementos creados por el hombre que acrecientan y expresan esa necesidad psíquica.

El "caballito de totora" es un ejemplo sencillo. La forma de estas pequeñas embarcaciones no es casual, así como el hecho de que aluda a una forma natural (el caballo como medio de transporte). Los antiguos pobladores de esta zona, crearon simbólicamente un medio "natural" para explorar otro medio. Asimismo, el que esta embarcación haya sido diseñada para una sola persona denota un individualismo también simbólico, que expresa el papel del hombre como conquistador de nuevos horizontes, hay aquí un evidente antropocentrismo. El huanchaquero intenta con esta aventura, proponer un orden regular en su cosmovisión, como él es el centro de la naturaleza y para él ella ha sido creada, así pues, sólo él puede buscar la articulación entre los elementos que la conforman.

José Carlos Martín Gallardo Ulloa

En el muelle de Huanchaco, no sólo se realiza una conexión física entre la tierra y el mar, sino que además dicha vinculación es visual, y en esa visión se potencia la energía espiritual que denota el lugar. En la expectación dada dentro del muelle, se estimula la imaginación del hombre en diversos grados y modos, generándose así viajes imaginarios, buscando abarcar y abrazar más ampliamente lo que le rodea.

Por otra parte, el trasfondo en la arquitectura, según el filósofo alemán Nicolai Hartmann, es algo que aparece en la obra, es algo que la anima. Es el alma de las cosas, más bien el alma de una época, de la gente que la habita y le da vida, que encuentra en ella la expresión de sus emociones, deseos y esperanzas. Es la fuerza y energía que la mantiene erguida y digna, "tras lo directamente visible se presenta un todo mayor que, como tal, sólo puede darse en una visión conjunta más alta" [6].

Estos aspectos profundos son visibles de muchas maneras en espacios que se han convertido en verdaderos lugares, donde la gente hace suyo el espacio, generándose una empatía, una verdadera simbiosis en su experiencia con ella.

El Muelle de Huanchaco, un verdadero lugar de encuentro, involucra en toda su composición un trasfondo de verdadero valor y coherencia, no sólo con su fin práctico, sino además y sobre todo, con el sentido de expresión del modo de vida y voluntad del hombre de mar.

Hartmann, nos habla de estratos externos e internos en la creación arquitectónica, "en la arquitectura se abre el trasfondo y resulta una secuencia de estratos" [7], y ellos son visiblemente sustentados en su integralidad formal y conceptual de este elemento urbano arquitectónico. Los estratos son una secuencia de conceptos e ideas que se van plasmando en la obra, oscilan entre los más evidentes o prácticos hasta los más profundos, siendo los que realmente sustentan la arquitectura y toda su composición espacial, formal y material.

El primer estrato externo, que no puede ser eludido por su importancia vital en la arquitectura, es el fin práctico. En el caso de este muelle, es por un lado, el de servir de embarcadero a los caballitos de totora, de abastecimiento y disposición de sus redes para la pesca, así como de punto de referencia en el mar de

Huanchaco, y también, de espacio para el paseo y conexión física con el mar.

El sentido o "espíritu" de esta composición práctica, está basado en su configuración lineal. Una línea que atraviesa el mar y las olas hasta encontrar una zona de mayor calma para realizar las diversas actividades. Asimismo, esta disposición en eje lineal posibilita el adecuado uso del espacio para su variedad experiencial.

La composición espacial y formal de este muelle, está generada por una plataforma de unos cinco metros de ancho, que se inicia desde una pequeña plaza ubicada en la orilla de la playa, se interna homogéneamente hacia el interior del mar en unos cincuenta metros, rematando en su parte final con un espacio formado por dos glorietas. Su forma lineal varía por la inclusión de una plataforma de unos tres metros de ancho, adosada a su extremo derecho, al costado de las glorietas y dispuesta en un nivel más bajo para el fácil acceso de los pescadores.

A lo largo de este recorrido lineal se encuentran distribuidos en cada tramo, espacios de estar, con mobiliario para sentarse y en algunos casos también para comer, bajo el cobijo de sombrillas de madera, elementos similares a las glorietas del remate. Además, todo el muelle está delimitado por una barandilla de madera, muy discreta y casi trasparente, que permite una gran visibilidad.

El color, que cubre tanto las barandillas como las cubiertas ligeras, es de un azul pastel, que entona con el carácter cromático del paisaje natural.

El material utilizado en todo el conjunto es la madera, con una estructura portante de hierro fundido de color negro, la cual soporta la plataforma lineal conformada por tablones de madera, sucesivamente dispuestos dejando un pequeño claro entre ellos, produciendo un efecto interesante al poder observar también el mar bajo los pies.

La impresión de conjunto de las partes y el todo, como lo describe Hartmann, sustenta la composición formal espacial y el uso dinámico de los elementos y materiales. El ser un elemento predominantemente lineal, concretiza el carácter efímero de un espacio, donde el sentido de penetración a otro medio viene a ser como una aguja que entra y los conecta fácilmente. La sensación de la gente al usar este espacio es el de no ingresar a algo físico externo y diferente a la superficie acuosa, es casi caminar sobre el mar.

El uso del color refuerza este concepto, fundiéndose en un todo, el muelle y el mar. Asimismo, el color de madera natural en el piso, permite una continuidad visual de la superficie del suelo de la tierra dirigiéndose hacia el mar, generándose durante esta experiencia, una transformación o metamorfosis de la tierra al agua, acrecentada por la semitransparencia del piso, debido a los tablones separados ligeramente entre sí. El uso de la estructura portante, así como de los elementos que conforman las barandas y pérgolas o cubiertas ligeras, tienen el mismo principio ordenador. El trasfondo de toda esta virtualidad, está orientado a la fusión del muelle con el paisaje, más bien, a la fusión o conexión entre los dos medios, tierra y mar, teniendo al hombre y su arquitectura como artífice de esto.

De igual manera, el trasfondo metafísico que refiere Hartmann en sus estratos internos, está denotado por la expresión del modo de vida del hombre de mar que está fuertemente remarcada con la existencia de este espacio urbano arquitectónico. Todo este elemento se convierte en una expresión vital de la articulación entre dos mundos, una verdadera prolongación de la tierra, una extensión de la misma, un puente que los une, una zona intermedia que es mitad mar y mitad tierra, enmarcado en un nuevo equilibrio entre los elementos del paisaje ecológico, donde la mano del hombre los integra adecuadamente.

La arquitectura es, sin duda, poesía en su totalidad vivencial. La experiencia fenomenológica del espacio arquitectónico que nos refiere Gastón Bachelard en su Poética del Espacio, conlleva a ensueños diversos, experimentando sentimientos notables de intimidad, protección, incluso de libertad y conexión con el exterior.

En el muelle de Huanchaco se presentan este tipo de ensoñaciones referidas por Bachelard, en medio de imágenes poéticas que envuelven al hombre en la experiencia del espacio. En los atardeceres mágicos de luces y colores, los matices tonales nos transportan a un mundo mágico casi irreal, provocando suspiros y meditaciones; y en las noches oscuras o de luna llena, el mar platinado por el destello del reventar de las olas, así como su delicioso y cadencioso sonido, nos hacen recorrer imaginariamente todo el horizonte, montados invisiblemente en un caballito de mar. Este espacio colabora, permite y propicia una diversidad de ensoñaciones de eternidad, inmensidad, plenitud, paz y amor.

Bachelard nos dice, "en los ensueños que se apoderan del hombre que medita, los detalles se borran, lo pintoresco se decolora, la hora no suena ya y el espacio se extiende sin límites" [8], en este caso creo yo, que la ensoñación de nuestra meditación se tamiza, colorea y reposa sobre este lugar tan hermoso, por tanto, se enriquece, se produce una meditación más profunda y noble.

¿Son quizás allí nuestras ideas de colores, musicales y ventiladas con la brisa?. ¿Es este muelle, medio de exaltación de todos nuestros sentidos? ¿El caballito de mar, es el que nos lleva a nuestra inmensidad íntima?

En realidad este espacio se ha convertido en un verdadero poema de arquitectura, no es un elemento sofisticado en tecnología, pero transmite todas las cualidades poéticas que el hombre identifica y comparte con sus semejantes. Y este poema, no ha sido sólo escrito por el arquitecto o persona que la diseñó y edificó, sino por todos al usarla, transformarla y adecuarla a sus necesidades, deseos y aspiraciones. Al preguntarnos Octavio Paz si "¿no sería mejor transformar la vida en poesía que hacer poesía con la vida?" [9], nos confirma lo que ha pasado y está pasando con este espacio urbano arquitectónico, se ha realizado poesía con todo este mito del hombre y el mar, expresado en este muelle.

Espacios como este, mediante su conformación, emplazamiento, estructura, formas, materiales y colores, tienen la capacidad de transmitirnos mensajes poéticos. Todo el muelle en su totalidad nos significa un tiempo, una historia, una vida, un fenómeno social, un mito. Al ser vivenciado de esta manera este espacio, se ha transformado en lugar, un lugar de encuentro entre hombres y entre dos medios, teniendo al hombre como artífice de ello. Paz nos dice que "todas las obras desembocan en la significación; lo que el hombre roza, se tiñe de intencionalidad: es un ir hacia..." [10], la significación del muelle de Huanchaco va más allá de su sentido utilitario, conlleva conceptos e ideas de integración, encuentro, esperanza, identidad, emulación, todo resumido en un poema espacial, que refleja una imagen poética del hombre marino.

José Carlos Martín Gallardo Ulloa

Asimismo, no son los elementos aislados que conforman el muelle los que brindan las imágenes poéticas, sino el conjunto, la idea de ritmo poético en los elementos como las barandas, las pérgolas, el camino o recorrido lineal, etc., son en su totalidad un poema enmarcado en el paisaje natural, la arquitectura está enriqueciendo la imagen poética de la naturaleza. Por tanto, el arquitecto es también una poeta, y el hombre que usa la arquitectura le da vida a ese poema. Esta arquitectura rescata lo esencial, lo mágico, lo que puede ser compartido por todos. En ello radica la poesía.

El muelle, aunque está compuesto formalmente de un ritmo integral, su continuidad espacial se trunca en apariencia, ingresa al espacio inmenso del mar, adquiere ahora otro ritmo, un ritmo infinito y prodigioso, lejano y cercano a la vez, "el ritmo nos engendra en nosotros una disposición de ánimo que sólo podrá calmarse cuando sobrevenga algo. Nos coloca en actitud de espera. Sentimos que el ritmo es un ir hacia algo, aunque no sepamos que puede ser ese algo" [11]. Este ritmo consiste en la alteración de la totalidad de la naturaleza con la inclusión de este muelle, se crea una concordancia interesante que nos envuelve en un todo, natural y artificial.

Martín Heidegger, también refiere los valores esenciales de la obra de arte y la poesía. Él nos dice que toda obra está centrada en el acontecer de la verdad, una verdad que consiste en la desocultación del ente, "es verdadero lo que corresponde a lo real, y real es lo que es en verdad... verdad es la esencia de lo verdadero" [12]. El muelle de Huanchaco, como obra urbano arquitectónica, expresa lo verdadero en la esencia del hombre del lugar, hay una concordancia y un acontecer verdadero en su emplazamiento, forma y espacio, con respecto a su propio existir.

Heidegger, nos dice que la esencia de la poesía es el lenguaje, "la poesía no toma el lenguaje como un material ya existente, sino que la poesía misma hace posible el lenguaje. La poesía es el lenguaje primitivo de un pueblo histórico" [13]. Existe aquí, un lenguaje común que compartimos al apreciar y vivenciar este espacio, entendiendo el sentido de su expresión. El muelle como imagen poética en el mar de Huanchaco, es la expresión de este pueblo milenario, una expresión inextinguible.

En conclusión, el diseño de espacios que tengan todas estas cualidades y rescaten el valor esencial de las personas en un medio determinado, es un propósito que debe ser erigido por todo arquitecto. Es un serio compromiso que a veces olvidamos al dejarnos llevar en esta corriente comercial y consumista.

Asimismo, es necesario hacer una prospectiva de nuestra actividad, con el fin de planificar nuestras acciones y lograr el futuro deseado, o como dice Elvia del Olmo, "planear nuestro futurable o futuro deseable y no el futurible o futuro posible" [14]. Es decir, planificar nuestras acciones hacia propósitos previstos en un escenario futuro, servirnos de una guía conceptual para planificar nuestro futuro y tomar decisiones desde ahora, para lograr nuestras metas. Del Olmo, refiere a autores como Sachs que ven la prospectiva como "una reflexión sobre el futuro que implica al mismo tiempo, el escrutinio del pasado y el presente, buscando los gérmenes del futuro en una proyección, que contiene parámetros cualitativos y cuantitativos" [15].

En función de todo ello y analizando nuestra situación actual, podemos observar un escenario futuro en constante perfeccionamiento durante nuestra formación personal y profesional, así como un mejor ejercicio y una mayor sensibilidad social e histórica.

Al reflexionar cuestiones como la expuesta en el presente ensayo, nos permite encontrar dentro de nosotros mismos, la esencia de las cosas que antes eran cotidianas y hasta superfluas, nos permiten abrir los ojos para ver lo poético de las cosas sencillas, que encontramos fácilmente pudiendo hacerlas nuestras.

El futuro previsto, puede consistir en germinar un cambio y formar a otros desde las aulas, con fuertes bases en una filosofía de ejercicio arquitectónico, involucrando los elementos esenciales y valiosos del hombre que sirvan más intensamente a la dotación de un hábitat ideal; como dice Heidegger, "aprender primero a habitar" [16] y después saber cómo construirlo.

Las zonas marginales de nuestras ciudades de Latinoamérica, carecen actualmente de ambientes dignos y bellos para vivir, y nuestro servicio está aún más lejos de ellos. Generalmente, nuestra participación, está casi siempre regida por modelos estándar de familias imaginarias o inexistentes, y que sólo restringe la forma de vivir de las familias reales, negándoles mejores posibilidades de hábitat. Nuestro compromiso con ellos por tanto, debe ser mucho mayor, pues conforman una gran parte de nuestro país.

Pueblos como Huanchaco, con todas sus limitaciones económicas, se convierten en ámbitos ideales para poner en práctica nuestro ejercicio sustentado en toda la filosofía expuesta. Se puede con nuestro aporte, propiciar y motivar la integración de los habitantes de un lugar, creando lugares sinceros con su historia y acontecer cultural. Es posible crear verdaderos poemas con nuestras obras rescatando las necesidades psíquicas de una sociedad y dejar después que su sensibilidad aflore y haga suya la arquitectura.

El muelle de mis recuerdos
En esta noche de luna y estrellas siento mi mente volar, con todos mis bellos recuerdos en mis antiguas noches de mi plateado mar.

Al cerrar ahora mis ojos, puedo sentir bajo mis pies las blancas olas del mar, en ese frágil camino que me dabas al andar. Siento la brisa marina acariciar con suavidad mi piel, y siento esa gran emoción de ser parte de ti, la tierra y el mar también.

Tú eres refugio para toda mi ensoñación, de niño, mil y un juegos, de grande, escondite para mi amor. Nunca olvidaré esos días de inmensos sueños y pasiones, ni tampoco al fiel guardián de mis bellas ilusiones

Notas
1. Embarcación hecha de una especie vegetal que crece en zonas pantanosas y llenas de agua. Tiene forma alargada y arqueada simulando a un caballo de mar sin cabeza.
2. Cassirer Ernst, "El mito del estado", México: Fondo de Cultura Económica, 1946, p.48.
3. Cassirer, Ernst. Óp. cit. p.242.
4. Worringer, Wilhelm, "La esencia del gótico", México: Fondo de Cultura Económica, 1990, p.20.
5. Ídem.
6. Hartmann, Nicolai, "Estética", Barcelona, España: Herder, 1988, p.147.
7. Hartman, Nicolai. Óp. cit., p. 249.
8. Bachelard, Gastón, "La poética del espacio", México: Fondo de Cultura Económica, 1975, p.226.

9. Paz, Octavio, "El arco y la lira", México: Fondo de Cultura Económica, 1956, p. 7.
10. Paz, Octavio. Óp. cit., p.19.
11. Paz, Octavio. Óp. cit., p.57.
12. Heidegger, Martín, "Arte y Poesía", México: Fondo de Cultura Económica, 1958, p.82.
13. Heidegger, Martín. Óp. Cit., p.140.
14. Del Olmo, Elvia, "Métodos Prospectivos: Una síntesis de enfoques sobre el futuro", Caracas, Venezuela: Cendes Publicaciones, 1980, p.14.
15. Ídem.
16. Heidegger, Martin, "Habitar, construir, pensar", trad. Eustaquio Barjau, en Conferencias y artículos, Barcelona, España: Serbal, 1994, pp. 1-246.

Bibliografía

Bachelard, Gastón, "La poética del espacio", México: Fondo de Cultura Económica, 1975.

Cassirer Ernst, "El mito del estado", México: Fondo de Cultura Económica, 1946.

Del Olmo, Elvia, "Métodos Prospectivos: Una síntesis de enfoques sobre el futuro", Caracas, Venezuela: Cendes Publicaciones, 1980.

Hartmann, Nicolai, "Estética", Barcelona, España: Herder, 1988.

Heidegger, Martín, "Arte y Poesía", México: Fondo de Cultura Económica, 1958.

Heidegger, Martin, "Habitar, construir, pensar", trad. Eustaquio Barjau, en Conferencias y artículos, Barcelona, España: Serbal, 1994.

Paz, Octavio, "El arco y la lira", México: Fondo de Cultura Económica, 1956.

Worringer, Wilhelm, "La esencia del gótico", México: Fondo de Cultura Económica, 1990.

José Carlos Martín Gallardo Ulloa

Arquitectura vernácula sudcaliforniana

IRASEMA GALLO RAMÍREZ

Introducción

Las siguientes reflexiones son el resultado de constantes lecturas y comentarios realizados en el seminario de área "Arquitectura y Humanidades". La serie de reflexiones presentadas a continuación pretenden desde un aspecto general llegar a conocer la esencia de la arquitectura de Baja California Sur. De aquello que es su razón de ser y que se manifiesta incipiente o determinantemente en los edificios que la caracterizan.

El título de esta compilación de reflexiones como "Arquitectura vernácula Sudcaliforniana" es demasiado pretenciosa ya que los siguientes escritos no la definen específicamente, sino que ofrecen un panorama amplio como base para un profundo análisis que genere propuestas. Así que agradeceré al lector, lo tome como un texto introductorio hacia la búsqueda de un camino fascinante, el de la arquitectura regional.

Posición en el tiempo

La arquitectura sudcaliforniana, (refiriéndonos a la que se "produce" en el estado de Baja California Sur) es un híbrido producto de la sociedad heterogénea que de diversas partes del país -e incluso del extranjero- vino a asentarse en este lugar a finales de los años setentas. La diversa riqueza cultural que los habitantes de esta particular región trajeron consigo constituye el máximo valor que identifica esta zona. Paradójicamente, este hecho dista de ser el factor que fragmente a la sociedad, por el contrario, la unifica al coincidir en identificarse con una "cultura de mar y desierto" (contexto físico que la marca); y con la necesidad de mimetizar en sus expresiones la calma y sobriedad del desierto, con la fuerza y color del mar.

En los últimos años el estado de Baja California Sur ha sido beneficiado de las inversiones (sector público y privado) que han sido el principal factor para promover el "desarrollo", particularmente el turístico. Las propuestas de estos desarrollos turísticos son elaboradas y conceptualizadas lejos del estado; por tanto poco conocen de la identidad de la región, ello crea una arquitectura de "fantasía" que se contrapone a la arquitectura vernácula de la región.

El objetivo no es satanizar los nuevos desarrollos, ya que a pesar de que la mayoría obedecen al mercantilismo, se pueden rescatar algunos que verdaderamente han entendido la realidad del contexto social y natural; sino señalarlos como expresión arquitectónica ajena, y que sólo viene a insertarse en un sitio totalmente desconocido para el que la produce.

Baja California Sur es un lugar peculiar por sus condiciones geográficas, que determinan las condiciones climáticas y el no muy frecuente contacto con el macizo continental; también lo es por su población tan similar y diferente cultura que se distingue de la del resto del país. Se piensa que estos factores son la principal razón de la poca producción en el ámbito arquitectónico, el tecnológico, el económico, el político y el social. Pero, ¿quién se atrevería a decir que nuestra producción no sea capaz de poseer elementos que nos haga valorarla? ¿Quién podría afirmar que este aislamiento geográfico en lugar de ser un obstáculo, no sea un "pretexto" al que nos arraigamos para mantener intacto nuestro entorno natural que tanta calidad de vida nos ha ofrecido?. En los siguientes párrafos se presenta el panorama general de cómo se ha constituido esta sociedad, las características de nuestro presente producto de la historia y de la realidad actual.

Antecedentes
El estado de Baja California Sur se localiza en la parte meridional de la península más larga del mundo. Se extiende desde el paralelo 28°, hasta Cabo San Lucas, donde se fusionan los mares que lo rodean (Golfo de California o Mar de Cortés y el Océano Pacífico). Su población aproximada es de 440 062 habitantes, constituyendo el estado menos poblado de la República Mexicana.

Antes de la llegada de los españoles a estas tierras, la península fue poblada en la época prehistórica por algunos clanes de los que se tiene poco conocimiento en la actualidad. Sin embargo, sus representaciones artísticas pueden ser observadas en acantilados y cañadas de las regiones montañosas del centro de la península. Los antiguos habitantes pintaron grandes murales con figuras de animales, hombres y mujeres enormes e imponentes, en los cuales utilizaron los colores ocre, rojo, blanco y negro. En algunos lugares estas figuras se aprecian por centenares con hasta 4 m de longitud, de ahí que al principio de la evangelización los relatos recogidos las atribuyeran a gigantes. Hoy las pinturas rupestres son la herencia prehispánica que enorgullece al sudcaliforniano.

Los indígenas que poblaron la península de la Baja California fueron los Pericúes en la porción sur, los Guaycuras en el centro y los Cochimíes en el norte. No se sabe exactamente el lugar de procedencia de estos grupos étnicos. A la llegada de los españoles a la península, la población estimada era de 40 000 individuos, hoy tan sólo queda una pequeña población en el estado vecino de Baja California. Estos grupos indígenas vivían a la intemperie o bajo árboles, sin llegar a desarrollarse como los grupos que se asentaron en el centro y sur del país.

Es hasta 1697 cuando se inicia la sólida conquista del territorio peninsular. La conquista espiritual de California por medio de la orden jesuita encabezada por el padre Juan María de Salvatierra. En este año se funda la primera de 17 misiones que se establecen a lo largo de la península. Las iglesias o misiones, son edificios sobrios a base de piedra unida con cal, sin acabados en el exterior de sus muros. Las más "jóvenes" están revestidas de mortero. Las plantas en forma de nave rectangular son la constante en estos edificios. Los interiores revelan la sencillez de las órdenes que las construyeron, así como también de la cultura que se apropiaba de nuevas creencias. Estos edificios, sobrios y monumentales se apropiaban del entorno natural para dar origen a las nuevas ciudades de la península.

La península mantuvo su vida de colonia hasta poco después de que se gestó el movimiento de independencia en el centro del país. El 15 de septiembre de 1810, Miguel Hidalgo y Costilla dio el grito de independencia exhortando a los mexicanos a liberarse

Irasema Gallo Ramírez

del yugo español, empero debido a la lejanía de la península, está siguió en poder de los Españoles hasta 1822; y es en 1830 cuando se designa a la ciudad de La Paz como capital de Baja California.

Es hasta 1974 cuando el presidente de México por medio de una iniciativa aprobada por el Congreso, crea el estado de Baja California Sur. Inicia la vida "contemporánea del estado"; en 1973 se crea la primera institución de educación superior, el Instituto Tecnológico de La Paz y en 1976 la Universidad Autónoma de Baja California Sur. Se crean en el estado las primeras dependencias de gobierno estatal y federal, que implicó la migración de profesionistas de distintas partes del país para ocupar algunos de los puestos en dichos trabajos. Este no fue el único factor que motivó la migración desde distintas partes del país, la atractiva actividad comercial que propiciaba el estado de "zona libre" atraía a una constante población flotante que se dedicaba a la "fayuca" de diferentes productos. Las comunicaciones (por aire, tierra y mar) facilitaban el movimiento comercial y también contribuían con el intercambio cultural.

A pesar de que la relación con el macizo continental era más fluida y constante, los pobladores de la región prefirieron adoptar usos y costumbres que provenían del norte del estado, especialmente del país vecino. Paradójicamente, sin querer desprenderse de su naturaleza desarrollada en la niñez en otro estado diferente a este. El "malinchismo" era parte de la cultura social, se seguía creyendo en la idea de que ahí, antes que en otro lugar de México (exceptuando al estado vecino del norte) eran los poseedores de las novedades que el consumismo norteamericano producía. La arquitectura, sobre todo en las clases socioeconómicas más altas, era una copia fiel de lo producido por los vecinos.

La vivienda institucional fue la que marcó la pauta del desarrollo de la Cd. de La Paz, ya que había que dotar de vivienda a los nuevos empleados que emigraban a este lugar. Vivienda que respondía (y aún responde) a la concepción de un espacio ajeno a la realidad de Baja California Sur, con características físicas, económicas y sociales muy diferentes (aún dentro del mismo país). En tanto que la vivienda vernácula, seguía siendo la más acorde con las necesidades de los pobladores del lugar; fresca, amplia, alta, con luz suficiente, con connotaciones y simbolismos. De características formales tan simples y tan ricas. Esta vivienda se compone de tres elementos ("cajas") rectangulares. Uno de ellos es el conformado por la cocina, otro por el área de estar y descanso, y el último por el baño. Construida con materiales de la región contribuye a crear un microclima en su interior.

Con la llegada de la modernidad, también vino el descubrimiento de las riquezas explotables; el turismo y la pesca principalmente. Ya que al incorporarse nuestro país al sistema internacional de precios G.A.T. y venir la devaluación de la década de los 80's, bajaron las ventas y los propietarios de los negocios tuvieron que cerrar, dedicarse a otras actividades o bien emigrar. El comercio de zona libre había desaparecido, por lo que había que encontrar una nueva vocación económica para el estado, vocación que encontró en el turismo (por las bellezas naturales) y en la pesca (gracias a la riqueza natural de los mares) redefiniendo el rumbo del estado. Estos hechos produjeron cambios que relevantes para la realidad actual.

La arquitectura sudcaliforniana

La arquitectura sudcalifoniana es producto de la "sociedad-diversa"(compuesta por inmigrantes de distintas partes del país que traen consigo características culturales muy particulares y diferentes). Esta sociedad diversa, sin tradiciones comunes, pero con características ideológicas similares es la base para la construcción de una nueva sociedad.

Mantener una vida con las comodidades tecnológicas del presente, pero limitadas a no introducirse en la modernidad histórica; pareciese ser parte de la filosofía de vida del sudcaliforniano. El poder conservar una realidad que pareciese haberse detenido en el tiempo es la máxima que aquilatan.

El pensamiento común basado en que "nada nos afecta porque nada está lo suficientemente cerca para hacerlo", denota la apatía ante cualquier participación social en los movimientos que modifiquen el rumbo del país. Ante este desconsolador panorama, ¿qué produciría esta persona "aparentemente" apática ante todo?, produciría que su entorno continuase con esa paz dada por el aislamiento.

Irasema Gallo Ramírez

Por ello es importante voltear la vista al pasado inmediato, a aquella arquitectura vernácula que está, lejos de ser cualquier influencia modista, pues representa la realidad económica y social del tiempo en que fue construida.

El mar, el desierto y la serranía dieron su esencia a la arquitectura vernácula sudcaliforniana, es decir, los espacios obedecieron al ambiente geográfico y al clima; casas de paredes anchas, techos altos de madera y palma, muros de vara tramada, corredores, terrazas y en el fondo solares arbolados. Desde donde se podía contemplar por las noches el mapa celeste.

Sin embargo, la arquitectura sudcaliforniana del día de hoy, está inscrita en una realidad diferente a la de hace diez años; la apertura económica y política de su nuevo gobernante quiere sacarla del "hoyo" en el que ha permanecido por décadas. Pero su sociedad se revela a que sus edificios de fines del siglo pasado cedan sus fachadas a las nuevas construcciones; se revela a cambiar sus espacios urbanos en donde los paseos y las caminatas se sustituyan por el automóvil; se revela a cambiar el cálido placer de la conversación en una tarde calurosa de verano en el "porche" (pórtico) de la casa con el transeúnte que se dirige a quién sabe dónde; se revela a perder ese rostro tradicional. Se muestra emocionada ante las nuevas inversiones y a convertirse en cosmopolita, pero se niega a dejar de ser tradicional. Se enorgullece de ser un lugar aparte del bullicio de las modas y estilos arquitectónicos que se rebaten entre sí por un lugar en el tiempo; pero también en múltiples ocasiones se vende al capricho del extranjero que cada día incrementa su comunidad. El poderoso hoy, a dejado de ser el habitante. La posición geográfica privilegiada de la península es factor influyente para el constante impacto de proyectos económicos internacionales; numerosos grupos de extranjeros (norteamericanos, orientales y europeos) han descubierto la riqueza natural que están dispuestos a explotar.

Principalmente, en la región sur del estado (en los Cabos), la cual es ahora un muestrario de obras arquitectónicas monumentales, en donde cada arquitecto se propone realizar la obra que consagre su quehacer arquitectónico, se ha olvidado que esa consagración no se basa en qué tanto se ha gastado en la obra y en qué tan grande pueda ser el edificio, sino en la calidad de respuesta a las necesidades turísticas planteadas. Es irónico cómo estos edificios se apropian del lugar, lo transforman y lo deforman; invaden el espacio físico geográfico vivo de todos, para convertirlo en el espacio muerto escenográfico de nadie o de unos cuantos.

Así, contamos con tres realidades arquitectónicas:

El sur (más densamente poblado por inmigrantes que vienen a trabajar en el sector de servicios) con su gran inversión extranjera y mayoría de población en el estado, responde a la arquitectura de la mercadotecnia de turismo inducido, copiando lenguajes de donde le sea posible y conveniente (en área turística). Resultado de ello son Cabo San Lucas y San José del Cabo; centros urbanos descuidados sin identidad y arraigo.

El centro (medianamente poblado, detenido incremento poblacional después del término de zona libre y de conversión de territorio a estado), se arraiga en la arquitectura tradicional sobria, tímido ante los cambios, pero consiente de la "evolución" que se muestra necesaria ante la posibilidad del uso de los avances tecnológicos y las nuevas formas de vida que lo demandan.

Y el norte (menos poblado), olvidado de todo aspecto político económico, arraigado en seguir manteniendo sus expresiones artísticas vernáculas fruto de la deficiente comunicación con otras entidades (incluso dentro del estado). El reto es seguir siendo sudcalifornianos en medio de una vida de diversidad cultural y cambios constantes.

Dentro de México las condiciones geográficas y sociales nos muestran diferencias entre estados, en Baja California Sur su extensión territorial y las condiciones político-económicos nos muestran diferentes tipos de expresión en un mismo estado, inclusive.

Respuestas socioculturales que emanan de la arquitectura sudcaliforniana.
Aunque en nuestros días el significado del siguiente enunciado sea tomado como una constante para calificar todo, considero importante puntualizar lo siguiente: México vive una época de cambios y, como tal, su sociedad es la protagonista de los mismos. Hace algunos años la sociedad sudcaliforniana marcó el parte aguas de la vida tradicional y aislada que había llevado durante décadas

Irasema Gallo Ramírez

al oponerse políticamente a este, disfrazado de aislamiento, pero cuyo principal objetivo era mantener los monopolios de las familias de gran arraigo que en el estado se habían mantenido de generación en generación. Este fue el primer paso que la sociedad emprendería para integrarse a esa modernidad y globalidad de la que tanto habían escuchado y querían ser parte. La inversión es el producto de esta apertura, aprobado por una gran parte del sector social.

La apertura ha hecho que las expresiones artísticas y culturales del lugar sean conocidas por nacionales y extranjeros, reconociéndose en ellas el enorme valor representativo de esta sociedad tan peculiar. Han puesto de manifiesto su forma de expresión en la pintura que copia las tonalidades de las pinturas rupestres, en las canciones, los corridos, el teatro, la danza, la poesía, en narraciones e incluso chistes que son la expresión que enfatiza la particularidad de cada región. Esta riqueza artística está basada en la cultura del mar, el desierto y la serranía; influencia poderosa en el sudcaliforniano. Estas expresiones toman de la mano estas tres dimensiones del espacio en las que se regocija de vivir y de enriquecer su espacio vital.

Producción contemporánea de la arquitectura sudcaliforniana.
Ante la diversidad arquitectónica de la producción actual en el estado, la sociedad clama por no perder el pasado histórico y la expresión de una forma de vida que poco a poco ha ido cambiando. Los distintos espacios construidos han reforzado costumbres y estilos de vida tanto contemporáneos como del pasado. Ve con preocupación que el acelerado desarrollo constructivo hoy palpable, rebase las dimensiones de la ciudad como en Acapulco y otros centros turísticos.

Por ello, se han emprendido acciones en las que se reglamenta de manera estricta los usos de suelo, se preserva el ambiente ecológico, así como las especies en peligro de extinción (como el santuario de la ballena gris en la biosfera del vizcaíno que imposibilitó la ampliación de la salinera más grande del mundo y conservación del malecón de la ciudad de La Paz, hecho mediante el cual, la sociedad se opuso a la construcción de cualquier genero de edificio en esta zona), se promueve el conocimiento de la historia del estado y de los patrimonios arquitectónicos y naturales, propiedad de la nación, como las pinturas rupestres y las misiones. Asimismo, se promueve el mantenimiento del centro histórico de la ciudad de La Paz, y el rescate del pueblo de Santa Rosalía.

Baja California Sur, a pesar de no poseer una riqueza arquitectónica tan amplia como otros estados del país, es un estado fascinante en su arquitectura; tan tradicional y virgen, como tan falsa y vendedora de ilusiones.

El mito

El hombre, desde sus orígenes no ha podido vivir en el mundo sin intentar comprenderlo. El mito surge de la profundidad de las emociones, donde el hombre manifiesta la expresión de un sentimiento que convierte en imagen. Y por medio de la expresión simbólica plasma este cúmulo de emociones. Mediante el mito, el hombre ha creado un efecto calmante entre la comprensión de la vida actual y la muerte.

"El mito es el elemento épico de la primitiva vida religiosa; el rito es su elemento dramático. Tenemos que empezar estudiando al segundo para comprender el primero" [1]. Cada pueblo cuenta con una serie de mitos que lo identifican, la mejor manera de conocerlo es analizando sus ritos.

Para el sudcaliforniano, los mitos están ligados a su relación con la naturaleza. Sus principales temores radican en las "fuerzas de la naturaleza" y los demonios que en ella radican.

El indígena sudcaliforniano, creía en la existencia de dioses como el Niparajá -creador del cielo y la tierra, el mar, la comida y los árboles-, al cual debían gran respeto por ser quien les mantenía con vida. Cabe señalar que esta deidad es constante entre los diferentes grupos indígenas de la región; el nombre de este dios varía según el grupo indígena, para los Cochimíes se llamaba Menichipa, capitán grande, el cual había creado el cielo, la tierra y todo lo que en ella existía.

Desde el pasado indígena, el respeto y temor por la naturaleza ha sido una constante mítica, pues la vida se veía de pronto trastocada por los fenómenos naturales que destruían toda cotidianidad y tranquilidad. A la llegada de los conquistadores, la religión católica sólo pudo cambiar el nombre de la deidad y continuar con este mito del hombre en relación con la naturaleza. Por ello, los fenómenos naturales se han mantenido como parte del pensamiento mítico social. En dicho mito, se vive un extraño rito comunitario que anuncia la llegada de los diferentes fenómenos climatológicos.

El verano trae consigo una expectación social, la pregunta acerca de qué tanto calor hará es la constante. El sudcaliforniano vive pensando en este fenómeno antes, durante y después de su presencia. Es el tema de sus conversaciones en su vida cotidiana, es el que marca la pauta de las actividades que realizará, es el que le cuestiona sobre la "eficiencia" de su casa, sobre su habitabilidad, sobre sus habilidades como constructor. Con base en este fenómeno, diseña su vivienda con el propósito de asegurar una estancia "soportable" dentro de ella, sin perder su carácter de elemento que forma parte de la apariencia y de la vida pública de la calle.

Estos fenómenos marcan la pauta de vida sudcaliforniana, el pórtico de la casa vernácula es el contenedor de este ritual que tarde a tarde se repite; en donde pareciese que se les invoca a asistir a todos a la misma hora para hablar del calor en compañía de un café y unas tortillas de harina; para darle la despedida al sol, padre de nuestra vida. Pareciese que se asiste a un funeral sudcaliforniano, ahí sentados en sillas o mecedoras, el ritual es sagrado.

Podrían omitir ir a comer a casa, pero no a despedir el calor del día y a la dulce espera del fresco confort de la noche. Pareciese que a diario al asistir al "funeral del sol", este se despidiese con un espectáculo que en sus últimos intentos por manifestarnos su presencia, emite rayos de luz en variados colores; desde el rojo hasta el violeta que anuncia su acaecida vida. Con la seguridad de volver al día siguiente. Otro fenómeno mítico es el huracán; el único que se atreve a llegar para romper con la cotidianidad. Con su fuerza devastadora, trae consigo las nubes y los vientos que se originan en el suroeste del país, y cuyo único propósito es venir a descargar su furia en este lugar.

Al igual que el "calor", este es un fenómeno social, con una paradoja interesante; este fenómeno es temido y al mismo tiempo anhelado por la sociedad. Temido, porque pone a prueba la firmeza con la que las edificaciones fueron construidas, las reta a seguir en pie, a ser realmente el refugio de la vida, a luchar una batalla contra la naturaleza; y anhelado, porque es una de las únicas fuentes generadoras de lluvia. Este rito social unifica a la sociedad, la unifica en el temor por la muerte y por la sobrevivencia. La incertidumbre de la posible muerte, es de pronto palpable y olfativo. Ante la tensión que conlleva este fenómeno, su culminación se ve como una victoria contra la muerte, donde el único merito lo tiene el refugio.

Del conjunto que conforma la casa vernácula sudcaliforniana, el único elemento que se levanta a enfrentar este reto es el del área de estar. Con sus anchos muros que simulan fortaleza, y sus únicos vanos en las puertas (hacia la calle y hacia el patio) fue diseñada para "enfrentar" a los dos fenómenos antes descritos. Muros anchos como fortaleza contra huracanes y también para limitar el paso del calor. Pocos vanos con el mismo propósito.

El héroe, según Thomas Carlyle

Los detonantes de esta arquitectura fueron los sacerdotes misioneros que crearon los primeros asentamientos en el estado.

El hombre indígena era nómada, por ello no hay vestigios de sus edificaciones. Es hasta la llegada de las órdenes religiosas y la edificación de las iglesias misionales, cuando el indígena y los colonizadores se asientan alrededor de los templos para crear los primeros asentamientos. Los sistemas constructivos a base de piedra y adobe en muros; y madera o palma en techos, son los que detonan la creación de las nuevas construcciones de tipo habitacional y comercial.

A partir de entonces, la tipología en las edificaciones se mantiene casi sin modificaciones hasta la llegada de la "modernidad", en la década de los ochentas donde ésta es equivalencia a vivienda institucional.

Irasema Gallo Ramírez

"La voluntad creativa" de W. Worringer

"Se ha podido todo lo que se ha querido, y lo que no se ha podido es porque no estaba en la dirección de la voluntad artística".
W. Worringer, 1911.

Worringer en su libro *La esencia del gótico* reivindica la voluntad artística de todos los pueblos al señalar que, el ideal del arte clásico no debe ser el criterio de valor para juzgar expresiones artísticas. Erróneamente se juzgaban los objetos de arte cuya expresión representaba la belleza viviente y natural con las valoraciones artísticas clásicas; limitando su comprensión a esta escala de valores. Por ello eran calificados como objetos con falta de capacidad creativa. Lo extraño e innatural era sinónimo de falta de capacidad creativa.

La estética llegó a la pretensión de validez universal, ya que nunca se preguntaron acerca de la voluntad artística, para ellos la estética era fija e indiscutible; y sólo se tomaba en cuenta a la capacidad como problema de valoración, ya que si las expresiones artísticas no eran lo suficiente "refinadas" estilísticamente, entonces se trataba de formas de expresión burdas y primitivas. Pasaban por alto el conocimiento de que esa capacidad era sólo un aspecto secundario que recibía su determinación y su regla de la voluntad como factor determinante para las diferentes formas de expresión.

Gracias a Worringer, la valoración del arte que antes era caprichosa y limitada, hoy es objetiva. Hasta ese momento, el ideal clásico constituía el criterio decisivo de valor el centro de la consideración. Le devuelve el carácter de mutable al arte para desprenderla del antropocentrismo clásico.

Nuestra estructura de la voluntad artística coincide en mucho con la del arte clásico, por ello no vemos gran diferencia entre la voluntad y la capacidad. Sin embargo, esta "visión" es demasiado limitada. Bien afirma Norberg-Schulz que nuestras experiencias nos preparan para entender determinados objetos, y que si observamos algún objeto de otra cultura diferente a la nuestra, nuestra percepción del mismo será muy limitada. Asimismo, no podríamos afirmar que ese objeto no esté compuesto por valores estéticos, ya que ni siquiera alcanzamos a comprenderlo en su expresión fundamental, porque no sabremos qué quiere expresar dicho objeto. Conoceremos los elementos "universales" de proporción, texturas, formas, etc., pero no entenderemos su voluntad. Por ello la estética es la expresión de voluntad de una comunidad. Y su valoración deberá ser con base en esa voluntad.

Hoy, nuestro ser de "mexicanos modernos" se asemeja al hombre europeo de la época de Worringer; creemos tener la única verdad en cuanto a la estética, y desvalorizamos todo aquello que pudo no haber sido creado por un proceso de diseño en el que intervenga un "profesional" que se supone tiene las nociones de lo que es o no bello. Pero ¿no será porque queremos seguir un "ideal formal" que nos lleve a representar en la arquitectura algo de lo que los mexicanos distamos mucho de ser?

El hombre primitivo mediante su expresión artística, "mitigaba" ciertos sentimientos que le provocaba el mundo que lo rodeaba y del cual, él no encontraba explicación alguna. Su concepción del mundo era representada en su expresión artística. Su voluntad creativa hablaba su concepción de vida.

Hoy, la expresión creativa del sudcaliforniano dista mucho de ser consecuencia de voluntad alguna. Entre el ser y él querer ser, damos forma a una serie de híbridos que poco dicen de nosotros. Como habitante de una región (B.C.S.) donde no queremos darnos cuenta de quiénes somos y hacia dónde queremos ir, me he percatado de que a pesar de este abismo conceptual del "yo", nuestras expresiones artísticas se manifiestan en un querer ser "diferentes". Diferente al resto de la republica para seguir identificándonos con ese aislamiento geográfico. Pero a pesar de este sentimiento, nuestro ser nos arremete al yo que no podemos negar y que se manifiesta parpadeante a cada instante.

La timidez formal expresada en la estética "tradicional", pide ser retomada como la voluntad de nuestra expresión. El sudcaliforniano que poco "ruidoso" es en sus festejos y en su forma de vida, a quien la prisa nunca llegará a alcanzarlo y quien se identifica con la tranquilidad de un oasis, me llama para descubrir en ese remanso la voluntad que quiere consolidarse.

He llegado a pensar que, a diferencia del hombre clásico que se volvía centro y medida de las cosas, el sudcaliforniano busca pasar inadvertido y que su derredor -que conoce perfectamente- se convierta en el elemento regulador de su entorno. Expresando

Irasema Gallo Ramírez

así su voluntad naturalista por encima de cualquier otra (ya sea religiosa o cultural).

Su entorno define su vestimenta y su forma de vida; lo particulariza y lo diferencía, lo atrae a la voluntad de ser tan sólo un ente con características "prácticas" que le permitan vivir. Por ello su expresión artística es de carácter más práctico que expresivo, su vestimenta y artesanía carece de esa exuberancia ornamental que en otras regiones de México es frecuente encontrar. Los colores del entorno son tan sobrios como el desierto y el mar; por ello en las construcciones el colorido es casi inusual. El concepto espacial de las construcciones es "infinito", ya que acostumbra integrar sus pórticos con la puerta de acceso siempre abierta a la calle.

El sudcaliforniano no ha estado menos dotado de capacidad que los habitantes del resto del país para crear la exhuberancia formal, más bien él ha preferido la estética basada en un juego sencillo de líneas que definen el espacio (que se abre e integra con el entorno).

A "pesar" de esta sobriedad, el arte para el sudcaliforniano, es una manera de arraigarse a su forma de vida, mediante los símbolos que le identifican en comunidad y que le unifican como una sola (heterogénea y diferente).

Podría afirmar, que las características antes descritas, afirman la voluntad creativa del ser del sudcaliforniano, que clama por su identificación y reconocimiento en todos los ámbitos.

Trasfondo en la arquitectura (la idea de Nicolai Hartmann)

En el texto de Hartmann, llama especialmente la atención la idea de universalidad. Como dice el poema de Machado, "hasta que el pueblo las canta las coplas, coplas no son y cuando las canta el pueblo, ya nadie sabe el autor (…) procura tu que tus coplas vayan al pueblo a parar, que al volcar el corazón en el alma popular, lo que se pierde de gloria (fama) se gana la eternidad…" [2]

Al igual la arquitectura, sino se vive, se usa, y si no se posesiona el usuario de ella; tampoco "copla será". Pensando en algún ejemplo de trasfondo de una obra podemos pensar en los estratos que dieron producto a la misión de Nuestra Señora de La Paz (actual catedral de la Diócesis de La Paz), hito característico de nuestra sociedad. Templo construido conforme a los ideales de evangelización de las órdenes que llegaron al estado. El edificio con sentido misional, como morada de la nueva fe, fue ubicado en la parte más alta de los llanos de La Purísima (actualmente ocupado por la ciudad) en donde podía ser vista fácilmente desde cualquier punto.

La "monumentalidad" no podía dejar de ser la expresión del edificio; sin embargo debía tenerse cuidado con su escala, ya que a aquellos que evangelizarían no conocían la relación entre monumentalidad y espacio sagrado, a diferencia de los grupos étnicos del centro del país quienes ya habían construido pirámides y poseían estos antecedentes espaciales.

Sobria y robusta por la técnica constructiva, a base de piedra, aún es fácil distinguir cómo resalta dentro del perfil urbano donde apenas tres edificios se atreven levantarse "irreverentemente". Con planta en forma de cruz, revelando la intencionalidad a la cual fue erigida, fue cubierta por dos bóvedas de cañón corrido que al interceptarse sobre el altar dieron pie a una pequeña cúpula. Construcción tras la cual, se puede decodificar un mensaje simbólico, expresado en el lenguaje formal del templo. Es el edificio sudcaliforniano más característico y lleno de estratos de intencionalidad intuitiva, pues no fueron los "expertos" quienes lo concibieron y erigieron, sino los que sabían lo que querían ofrecer al usuario, quienes sabían el propósito y lo construyeron pensando en sus habitantes. Hoy, es conservado por aquellos que hemos entendido aquella intuición que lo llevó a su realidad formal.

Los estratos externos e internos de la obra arquitectónica
En el caso de la casa vernácula su tipología está muy definida ya que se caracteriza por su composición, que está definida por el propósito, su necesidad de resguardo climatológico la define en primera instancia.

Está conformada por tres elementos que se disponen de manera que el más importante (el de estar) se ubica hacia el lado de la calle, y ya sea en la parte posterior o en el patio se ubica la cocina, de tal manera que pueda recibir los vientos para refrescar este espacio. El baño es el elemento secundario cuya ubicación está del lado opuesto a la cocina para no interrumpir en la relación cocina-área de estar.

La solución es congruente con el entorno y con el espacio que se ocupa, ya que es construida empleando materiales de la región. El módulo del área de estar y el baño con adobe y techo de madera o palma; la cocina con sus muros de vara tramada y el techo de vara y palma. Su forma es rectangular, con el fin de poder orientarla según la orientación propia del predio, a fin de que haya menos áreas que se expongan al sol directamente.

Las relaciones armónicas entre los tres elementos (cocina-estar-baño) es secuencial, un espacio nos lleva a otro intuitivamente, sin tener referencias de caminos o de algún otro tipo. Su habitabilidad es perceptible, nos habla de las personas que viven en ella y expresa las formas de vida que se propician día a día en ese espacio.

Su congruente diálogo con el exterior es la primera impresión del conjunto. La invitación a introducirnos por medio del pórtico (el cual abarca el frente longitudinal de la casa) nos sumerge en el ritualismo de sus vidas.

El ensueño

"Al ensueño le pertenecen valores que marcan al hombre en su profundidad (…) Goza directamente de su ser, por eso los lugares donde se ha vivido el ensueño se restituyen ellos mismos en su ser" [3]. El ensueño revela al hombre, nos habla de lo que está hecha su vida y que espera del futuro de ella. Sintetiza los recuerdos, pensamientos y sueños del hombre; para convertirlos en su realidad ontológica, que clama por verse manifiesta en algún aspecto. Dicho aspecto no encuentra mejor cobijo que en la arquitectura; en la casa del hombre.

Podemos pensar en la posibilidad de incluir en el programa arquitectónico el ensueño, y llegar al conocimiento del habitador no sólo en un programa de áreas, sino de fantasías y recuerdos. El reto es ofrecer espacios que crucen la frontera de la funcionalidad y se impregnen de identidad íntima, que sólo a ese habitador le pertenece.

La ensoñación revela un mundo "mágico" carente de reglas y cánones preestablecidos. Nos invita a proponer algo nuevo de un recuerdo vivido; a innovar en experiencias espaciales que superen la "magia" de las ya vividas.

Los espacios en la casa sudcaliforniana son de ensueño, la luz que apenas penetra por las ventanas crea el ambiente que transporta la imaginación. Los elementos austeros nos hacen recordar la "vieja casa de la abuela" de la que habla Gaston Bachelard en *La poética del espacio*.

"Arte y poesía", "El arco y la lira"
Los textos de Heidegger y Octavio Paz nos remiten a reflexionar en las analogías existentes entre la poesía y la arquitectura. Esta reflexión se puede trasladar hacía el campo de la arquitectura vernácula de Baja California Sur; la cual se levanta entre los paisajes semidesérticos para "existir de modo tan natural como una cosa", y para decirnos que ahí *habita* alguien.

La casa vernácula –como hemos mencionado previamente– está compuesta por tres módulos (cocina que se separa del módulo de convivencia-estar-descanso y del baño), esta casa habla por sí sola, nos revela los materiales con los que fue elaborada para constituir su expresión y determinar su fin.

Su expresión es claro reflejo de la voluntad creadora del constructor –a su vez habitador–, que determina con base en el conocimiento del entorno y de sus necesidades.

El constructor se centró en la creación de un espacio que le permitiera alejar el calor de los fogones del área de convivencia; un espacio con cualidades espaciales que proporcionara la mayor fluidez de aire con la menor incidencia solar para el bien estar durante el desarrollo de las actividades.

El "ranchero" ha logrado crear un espacio que lejos de sólo ser un ente útil, se convierte en una afirmación del entorno y representación de la vida mítica del lugar. Ha creado su verdad al recrear su forma de vivir, al reproducir la esencia general de las cosas que componen ese espacio. Ellas hablan de él y él habla de ellas. Delimita el espacio de la cocina por muros de vara tramada por donde hace penetrar los rayos solares y crea un ambiente sagrado en tan importante sitio para su estilo de vida.

Pareciese que la función primordial para la que fueron concebidos esos pequeños agujeros entre las varas, era la de crear un ambiente que se opusiera a la radiante luminosidad del exterior. En el muro la vara entramada deja de ser el palo, aquel que silvestremente encontramos en los polveados caminos, es ahora el lenguaje que arrancó de sus "conexiones" habituales a tan simple objeto; para volverlo único, para volverlo a crear y para que renazca en su nueva cualidad de ser. Como en la poesía, este objeto (la vara) ha dejado de ser palabra habitual, para convertirse en imagen; en objeto de participación dentro de un mensaje.

En esta propuesta, el "ranchero" ha encontrado la máxima expresión a los elementos que le son comunes. El hueco que se forma entre las varas nos habla del color oscuro que han adquirido dichos objetos en respuesta al sentido de conservación. Este objeto o cosa (la cocina), "le ataca literalmente al cuerpo" se muestra perceptible en todos los sentidos. "Su firme prominencia hace visible el espacio invisible del aire" [4]. Le separa y le integra del exterior. Le hace sentir su fragilidad y le recuerda su mortalidad constructiva.

La construcción se convierte en obra al encarar la verdad, ya que a este "útil no se le ha provisto además de un valor estético, lo lleva por esencia, apunta Heidegger en *El origen de la obra de arte*. Su forma cúbica de esencia útil, se manifiesta peculiar y diferente. Se contrapone al otro módulo de forma rectangular que con sus anchos muros pintados de cal y su pórtico longitudinal también revela su ser que contiene la vida social y familiar. El baño es intencionalmente separado, pero no desligado de los otros dos módulos. Los elementos de la casa, se unifican espacialmente entre sí dentro del enorme terreno, para también participar socialmente en el conjunto de casas que "revelan lo que son e invitan a ser lo que son" [5]. No concibo la casa sin él pórtico que la vincula con la vida social, desde donde se experimentan los ritmos cíclicos de la vida.

En el pórtico de esta casa se alberga el rito de la comida y del disfrute del café; es aquí donde se ritualizan todas las actividades. En ese pórtico es donde se realiza el rito de encuentro y desencuentro, bajo sus columnas cada tarde al esperar la despedida del sol y la llegada del ansiado aire fresco. Donde pareciese que toda tarde es igual; y pasado y futuro están en el presente.

En el pórtico es donde la rima es pronunciada por el viento que se tropieza con los muros blancos o con los que fluyen por la cocina para integrarse al silencio de la casa vernácula. Y donde el tiempo permanece para transcenderse en estas construcciones.

A través de los años, la tipología de la casa vernácula sudcaliforniana no ha cambiado, "se ha consagrado y ha transmutado del instante personal y colectivo para convertirse en un arquetipo" [6]. Es más que una construcción, es una obra que se manifiesta plenamente con cualidades inherentes a su concepción de utilidad.

Si ser obra significa establecer un mundo, si efectivamente, ellos han creado su mundo de libertad donde han creado obras sin pensar en la consagración, sólo en realizar sus formas de vida. En una imitación original, de la forma de vida que está en el origen de los tiempos y en cada hombre, es arquitectura que hoy se confunde con el tiempo, con características únicas y singulares.

Samuel Ramos y Octavio Paz

Como señalan Samuel Ramos y Octavio Paz, la vida del mexicano es muy diferente a la del europeo o la del norteamericano, se manifiesta rica en expresiones, en ritos y en costumbres; es todo un gran bagaje de fusión de culturas. Por ello es inútil querer negarnos a nuestra identidad, poseemos una vida que no se desprende del arraigo cultural.

Es curioso lo que le sucede al *Pachuco* [7] al querer negar su identidad, su esencia es tan fuerte que lejos de esconderla, hace que se manifieste con más fuerza. Así sucede con nosotros en la arquitectura. Al empeñarnos en buscar modelos globales para insertarlos en nuestra arquitectura; negamos la naturaleza de nuestra forma de vida.

En Baja California Sur, ante la "invasión" de extranjeros (principalmente de E.U.A.), las nuevas "casas" se manifiestan como híbridos que tratan de simular una realidad histórica económica que no existe. Es entonces cuando los paisajes se impregnan de escenografías que pretenden competir con la tradición, la cultura y el mito hecho arquitectura que poseen las casas "tradicionales". Paradójicamente el extranjero que viene a asentarse a estas tierras, viene en busca de la "casa mexicana" que desde su país observa llena de cualidades. Pero ¿qué pasa?, nosotros los arquitectos "conocedores" le diseñamos o el último modelo publicado en revista, o bien una escenografía mal montada que ni siquiera

Irasema Gallo Ramírez

debiera pretender ser nombrada "casa mexicana" porque carece de la esencia y de las formas de vida de la arquitectura vernácula y tradicional.

"El hombre cuando crea, se crea a sí mismo" [8], es entonces cuando toma conciencia de su identidad; es entonces cuando conoce su pueblo, el cómo piensa, a qué le teme, qué le gusta, de dónde viene, cómo vive, etc.; mientras esto no suceda, pocas propuestas podremos hacer con real sentido y prospectiva de lo que se necesita.

Si no conocemos al sudcaliforniano, cómo podremos ofrecerle como arquitectos una propuesta que fusione formas de vida con su realidad temporal y espacial.

La imagen de desarrollo y sociedad global, nos ha llevado a decidir por la colectividad; a creer que los conocimientos de uno (que yo llamaría ignorancia) son lo más valido para cualquier propuesta de evolución. Sin embargo, con tan sólo un pequeño ejemplo podremos ver la importancia del conocimiento de nuestro entorno. Si propusiéramos un nuevo prototipo de vivienda para la zona que hemos estado analizando, y se nos ocurriese eliminar el pórtico, ¿con qué fundamento suprimiría este elemento tan importante de la casa sudcaliforniana? Y si lo hiciese, ¿qué propuesta sería capaz de retomar la vida que en este singular espacio se desarrolla?

La pregunta parece tan simple y sencilla, sólo quitar un pórtico; si un pórtico donde se da toda la vida social de la familia que habita la casa, el lugar de encuentro, de despedida, de rito, etc. Con tan sólo pensar en que no habría pórtico empiezan a aparecer en mi mente una serie de preguntas sobre el futuro de la vida de esta familia; ello me señala la complejidad con la que estamos estructurados y, por tanto, nuestras decisiones no deben ser arbitrarias, sino fundamentadas en el conocimiento del habitador, del mexicano.

Así como llego a pensar en el futuro de la familia a la que le faltará su pórtico, también pienso en nuestro futuro, sin la arquitectura que nos manifieste como lugar, región, y nación.

Notas.
1. Cassirer, Ernst. "El mito del estado", México: Fondo de cultura económica, 1985, 1-360 pp.
2. Machado, Manuel, "La copla", recuperado en: http://www.cancioneros. com/nc/12762/0/la-copla-manuel-machado, el 28 de julio, 2013.
3. Bachelard, Gaston, "La poética del espacio", México: Breviarios del Fondo de Cultura Económica, 1975, p.36.
4. Heidegger, Martin, "Arte y poesía", México: Breviarios del Fondo de cultura económica, 2006, p.63.
5. Ibídem, pp.1-124.
6. Bachelard, Gaston, "La poética del espacio", óp. Cit., pp. 1-281.
7. Término que se surge en México a mediados de los años 1920 para definir al estereotipo de un joven estadounidense de origen mexicano. También denominado "chicano".
8. Paz, Octavio, "El arco y la lira", México: Fondo de cultura económica", 4ª edición (facsímil de la 1ª), 2006, pp. 29-48.

Bibliografía.
Bachelard, Gaston, "La poética del espacio", México: Breviarios del Fondo de cultura económica, 1975.
Cassirer, Ernst. "El mito del estado", México: Fondo de cultura económica, 1985.
Hartmann, Nicolai, "Estética", (trad. Elsa Cecilia Frost), México: Universidad Nacional Autónoma de, México, 1ª Edición en alemán 1953, 1ª. Edición en español 1977.
Heidegger, Martin, "Arte y Poesía" (trad. Samuel Ramos), México: Fondo de Cultura Económica, 1ª. Edición en alemán 1952, 1ª. Edición en español 1958. ·
Hernández, María Elena, "La Estética de Nicolai Hartmann", México, octubre 1997.
Machado, Manuel, "La copla", recuperado en: http://www. cancioneros.com/nc/12762/0/la-copla-manuel-machado.
Paz, Octavio, "El arco y la lira", México: Fondo de cultura económica", 4ª edición (facsímil de la 1ª), 2006,
_____, "El laberinto de la soledad", México: Fondo de Cultura Económica, 2ª edición, 1959.
Reyes Silva, Leonardo, "Historia del Estado de Baja California Sur", México: Educación primaria, 1989.

Irasema Gallo Ramírez

La Identidad de los pueblos
Una aproximación milenaria: los chipayas

VANIA VERÓNICA HENNINGS HINOJOSA

Todo pueblo forma parte de un proceso histórico, del cual es en gran medida su consecuencia. Profundizar los conocimientos sobre las raíces que lo sustentan nos permite conocerlo más detalladamente y, por otra parte, respetarlo por la riqueza que guarda. La cultura chipaya representa una riqueza incomparable para Bolivia y Latinoamérica, este pueblo posee una antigüedad que sobrepasa los límites de la historia misma y, a la vez, se manifiesta como un pueblo vigente en la actualidad. Su existencia, llana y sencilla, data de tiempos inmemoriales, pero encierra un conjunto de experiencias culturales compactas preservadas durante muchos siglos, "entrar en este enigmático mundo nos plantea una serie de preguntas sobre nuestros milenarios orígenes" [1].

El siguiente trabajo se enfoca principalmente a las humanidades, con el fin de sensibilizarnos ante nuestra realidad y, en cierta forma, como dice Curtius: "hallar el sentido de nuestra existencia" [2], como latinoamericanos. Se pretende reconocer el sentimiento de orgullo y valoración hacia este pueblo, además de respetar su identidad con su propio pasado y su cultura ancestral. Por otro lado, se pretende una amplia explicación de su arquitectura que presenta rasgos espaciales muy interesantes. El contenido del trabajo hace mención a la bibliografía estudiada en el transcurso del Seminario de Arquitectura y Humanidades y, a su vez, a bibliografía específica consultada sobre la cultura chipaya. Sus distintas partes se refieren a diferentes enfoques humanistas y propuestas de diferentes filósofos estudiados, todo ello considerando a la cultura chipaya como objeto de referencia principal.

Al rescate de nuestra identidad

Las obras de Octavio Paz [3] y Samuel Ramos [4] son un medio para que los mexicanos y los latinoamericanos en general, tomemos conciencia de la importancia de nuestras culturas y la necesidad de recuperarlas o bien, crearlas. En cierta forma, sus obras nos empujan a plantear objetivos relacionados con nuestra cultura. Sentimos que podemos ayudar y que ya es tiempo de buscar nuestra identidad, ser nosotros mismos.

A los países latinoamericanos, en general, se nos ha impuesto una cultura ajena, la cultura de los colonizadores, y nuestro origen verdadero ha sido destruido. "Nuestras raíces nunca han sido nuestras del todo, sino herencia o conquista de las engendradas por Europa" [5]. Llevamos muchos años como simples receptores de ideas ajenas, esperando muy cómodamente que se nos diga lo que debemos hacer, lo que es bueno o malo para nosotros. Sin embargo, como afirma Samuel Ramos: "Tenemos sentido europeo de la vida, pero estamos en América, y esto último significa que un mismo sentido vital en atmósferas diferentes tiene que realizarse de diferente manera" [6]. Nuestra manera de ver la vida como latinoamericanos es diferente a la de los europeos, por lo que debemos desenvolvernos en esa herencia bajo condiciones nuevas, evitando ser simples copiadores. La suma de nuestras costumbres y las europeas pueden contribuir a lograr una cultura propia, que sea "nuestra", diferente, propia.

Sin embargo, parece ser que muchos de nosotros ignoramos o no queremos ver lo que realmente nos pertenece. En la actualidad existen muestras muy valiosas de nuestras raíces que de una u otra manera han sido conservadas y que es esencial que todo latinoamericano conozca. Por ello, tomando muy en cuenta el llamado que nos hacen, Paz y Ramos y con el afán de emprender la misión de dar a conocer muchos aspectos que nos caracterizan, planteamos a continuación un breve panorama del emplazamiento, costumbres y características de una cultura milenaria que actualmente conserva sus rasgos iniciales, la cultura chipaya.

La cultura chipaya se encuentra en Bolivia en el departamento de Oruro. Sus pobladores se han asentado en la parte norte del lago Coipasa, en la provincia Atahuallpa. Este asentamiento se encuentra en el eje acuático formado por el lago Titicaca, el río Desaguadero, el lago Poopó y el lago Coipasa.

El territorio donde se encuentra este asentamiento "es una suerte de polígono irregular, inscrito dentro de una gran planicie arenosa y semidesértica a la que sólo las montañas le señalan los límites [...] El visitante no puede dejar de advertir la inmensidad del paisaje, donde la horizontalidad de la gran planicie de arena, remarca notablemente el perfil de los grupos de viviendas cónicas" [7].

Chipaya se encuentra en pleno altiplano de Bolivia aproximadamente a 4 000 metros de altura sobre el nivel del mar. Su clima es frío y seco contrastado con el calor del desierto. Esta región presenta, también, fuertes vientos huracanados que provienen de la Cordillera de los Andes. En época de lluvias, el territorio se inunda completamente, el lago avanza y los ríos se desbordan provocando serios daños. En estas condiciones climáticas, los chipayas han realizado una labor estoica de supervivencia. Las actividades que los chipayas realizan cotidianamente son la siembra, la cosecha, el manejo de agua para el riego, la elaboración de tejidos, la construcción de viviendas, etc.; la caza y la pesca son ocupaciones secundarias y ocasionales. Todo ello acompañado de ceremonias rituales que corresponden a su particular cultura marcada por su origen milenario y por la relación con el hostil hábitat. Esta cultura, que se conserva con bastante pureza, posee también su propio dialecto muy peculiar, incluso su vestimenta presenta rasgos muy particulares y es elaborada por ellos mismos.

El peinado característico de las mujeres consiste en sesenta pequeñas trenzas distribuidas a ambos lados de la cabeza. El rasgo principal de esta cultura es su organización urbana y esencialmente la forma de sus viviendas, aspecto que ha llamado la atención de muchos investigadores. A pesar de encontrarse en un territorio áspero e inhóspito, los chipayas han logrado un notable uso de su región para poder sobrevivir. Ellos han planificado su espacio territorial con relación a dos concepciones, como veremos a continuación.

Según De la Zerda [8], espacialmente, el territorio está distribuido en forma concéntrica. En la parte central se encuentra el poblado o zona urbana donde se desarrollan las actividades de gestión, comercio, educación, salud, recreación, vivienda y otras.

A partir de este centro se van distribuyendo otras actividades, primeramente la zona de pastoreo, luego las estancias compuestas por las viviendas "rurales" o *"phutucus"*, los corrales para el ganado, y las áreas de cultivo regadas por canales que vienen desde el río Lauca. Los pobladores ocupan sus viviendas según la época del año y la actividad que realicen, ya sea en el área urbana o rural.

Esta apropiación y estructuración espacial del territorio chipaya nada tiene que ver con las aldeas españolas ni occidentales, al contrario se percibe una cierta ordenación original producto de causas históricas, políticas, económicas y especialmente socioculturales, que los indígenas conservan.

Por otro lado, según Metraux [9], la partición territorial obedece a otro sistema de organización. Las viviendas se agrupan en torno a dos *ayllus* o áreas principales, situados al este y oeste de la iglesia.

Las dos parcialidades son: *Tajata* y *Tuanta* [10], designadas en aymará *Anansaya* y *Manansaya*. Esta división representa originalmente al pueblo conquistado y el pueblo conquistador según la tradición andina. Sin embargo, como lo afirman De Mesa y Gisbert, "no parece probable que éste sea el origen de las dos parcialidades de Chipaya, sino que conservan por tradición esta división tan característica de cualquier pueblo del Collao" [11]. Cada área está delimitada físicamente en el terreno mediante hitos y señales. Adjunta a la parcialidad de *Tuanta* está el *ayllu* de *Warta*. Cada parcialidad tiene su propia iglesia, además de la iglesia principal del pueblo. Estas parcialidades se diferencian por rendir culto a diferentes *mallkus*.

Es importante recalcar que la organización de las viviendas no se realiza mediante calles, sino que las viviendas se reúnen por medio de bajas paredes curvas, en grupos de cuatro o cinco. Esto se debe a que cada agrupación representa una familia donde a medida que ésta va creciendo, el conjunto se va agrandando.

Esta concepción de división espacial que encontramos en Chipaya se repite en la distribución espacial del cementerio, en donde se tiene un mismo patrón de organización, por *ayllus*. Watchel interpreta y describe el fenómeno afirmando: "Como si dentro del mundo de los muertos igualmente y a pesar de las transformaciones introducidas por la historia, una misma grilla continuara ordenando el espacio y la sociedad, y tratara de retener el curso del tiempo" [12].

En el poblado se distinguen dos tipos de vivienda, una rural y otra urbana, las cuales revisaremos más adelante. Resulta importante hacer notar que en la actualidad apareció un nuevo tipo de vivienda urbana que es resultado de la "modernidad" e influencia de los pueblos cercanos. Esta vivienda es rectangular con el techo de paja o calamina y puede ser de una planta o dos. Lo anterior nos demuestra cómo la influencia del exterior provoca que las costumbres y tradiciones de una cultura se vayan borrando y en algunos casos llegan incluso a desaparecer. Esperemos que esto no ocurra con la cultura chipaya debido a que representa uno de los pocos vestigios vivientes de las raíces latinoamericanas, y a su vez es fuente de riqueza patrimonial de sus culturas.

La vivienda rural es la más antigua y se denomina *"phutuku"*. Tiene una forma cónica semejante a una colmena y se ubica en lugares de pastoreo. Esta vivienda se construye en su totalidad con tepes sin hacer diferencia entre la pared y el techo. Cuenta con una pequeña puerta ubicada al este y no lleva ventanas. El tepe es un bloque de tierra y raíces de una gramínea que abunda en la región. Este bloque es extraído del suelo, sus medidas aproximadas son de 43 cm. de largo por 40 cm. de ancho y un alto de 12 cm.

El segundo tipo de vivienda o *"Wallichi Koya"* es también de forma circular cónica diferenciándose de las otras en el techado. Los muros son igualmente de tepe, la cubierta es de paja sostenida sobre arcos de *"thola"*; cuenta con una puerta pequeña hacia el este y no lleva ventanas.

Estos son los rasgos principales de la cultura Chipaya, con ello logramos conocer una forma de vida que quizás fue una de las primeras en este territorio, en tiempos inmemoriales. A su vez, aportamos con "un granito de arena" sobre algo que forma parte de nuestra historia y que quizás no se le da la importancia que requiere.

Debemos sentirnos orgullosos de nuestras raíces. "Hay que tener el valor de ser nosotros mismos, y la humildad de aceptar la vida que nos tocó en suerte, sin avergonzarnos de su pobreza" [13]. Con ello concluimos afirmando que solamente a raíz del conocimiento, adentrándonos en nuestra historia podremos realizar un análisis crítico para posteriormente asimilar y comprender nuestra cultura en lugar de despreciarla.

Los mitos

La presencia del mito crea un efecto calmante en la sociedad. Nos ayuda a subsistir y a llenar esa necesidad de creer en algo en que aferrarnos. El mito, nos dice Ernst Cassirer, traspasa las barreras del tiempo y cada vez que se repite el rito que lo acompaña, es vivido nuevamente, renace. De esta manera el rito se transforma en un elemento más profundo y perdurable que el mito en la vida religiosa del hombre. "El mito es el elemento épico de la primitiva vida religiosa; el rito es su elemento dramático. Tenemos que empezar estudiando al segundo para comprender el primero" [14]. Cada pueblo cuenta con una serie de mitos que lo identifican, por ello, la mejor manera de conocerlo es analizando sus ritos.

La mayor parte de las actividades de los chipayas –sino son todas–, se apoyan en una serie de ritos como condición indispensable para poder llevarse a cabo. Existe una mezcla de dos vertientes que influyen en el pensamiento de esta cultura. Por un lado se encuentra la visión chipaya que cuenta con leyendas, mitos, tradiciones y celebraciones andinas y, por otra parte, se encuentra la influencia española en el período virreinal que impuso la visión cristiana incorporando una iglesia en el centro del poblado.

La visión chipaya original posee diversas leyendas, mitos y ritos que renacen día a día y que representan una condición imprescindible para el desarrollo de la vida cotidiana. Incluso el origen de esta cultura está basado en un mito, no existe una explicación real de los factores que produjeron el asentamiento chipaya, pero si existe una leyenda en la cual sus habitantes se apoyan para comprender sus orígenes:

"Antes, los hombres vivían en la oscuridad, los Chullpas,
 primeros pobladores del mundo, se alumbraban con la fresca luz de la luna (...)

Después de muchos siglos, los sabios pronosticaron la salida del sol (...)

Al saber que en el universo se impondría la luz candente
 de un sol poderoso (Thuñi) y que aparecería del lado oeste,
 todos se apresuraron en construir sus guaridas con puertas hacia el este (...)

El sol amaneció por el oeste, pero, después, el sol apareció por el este ocasionando su muerte, sofocados por el extraño calor solar (...)

El sol mató a los Chullpas, pero una pareja se metió al agua y donde permanecieron todo el día hasta la puesta del sol.

Sólo al volver la noche reiniciaban su vida normal, y así durante algún tiempo hasta que se acostumbraron

al nuevo sistema de vida, con días y noches.

Los chipayas actuales son sus descendientes..." [15].

Existen varias teorías del origen de este pueblo, pero ninguna que pudiera probarse científicamente. Unos presumen que subieron de las islas del Pacífico Sur y otros que son de origen amazónico, sin descartar la presunción de las migraciones asiáticas por el estrecho de Bering. Sin embargo, la presencia del mito, para sus habitantes, parece ser la mejor explicación de su origen.

Dentro de sus tradiciones, también se encuentran los dioses o *Mallkus* (dioses masculinos) y *T'allas* (complemento femenino) que intervienen en todo tipo de ritos que acompañan la mayor parte de sus actividades. Sus dioses son generalmente elementos de la naturaleza que les brindan su generosidad como ser el río *Lauca*, la *Pachamama* (Madre Tierra), las montañas del *Sajama*, la Torre *Mallku* (torre de la Iglesia) y otros *mallkus* de cada *ayllu* o agrupación. Son sagrados, además, los pequeños monumentos distribuidos en el territorio y ciertos animales disecados como gatos moteados, pájaros, patos y otros. Todas las actividades desde la construcción de una vivienda, el cambio de estación, la siembra, etc. son acompañadas por una serie de rituales específicos.

Es importante la veneración que los chipayas tienen hacia sus parientes muertos por lo que cada 1 y 2 de noviembre exhuman a sus difuntos, les entregan ofrendas y les piden protección. Para ello se realiza una mesa ritual destinada al *Mallku Lauca* que se denomina *pucara*. Esta "mesa" es un cono de base circular hecho de *tepe* donde habita el mallku, enfrente tiene una plataforma donde se colocan una serie de ofrendas representando el reino vegetal, animal y mineral. Al finalizar el rito se queman todas las ofrendas y se las introduce en la parte baja de la pucara del *Mallku Lauca*.

Por otra parte, la construcción de toda vivienda debe comenzar por la *Ch'alla*. Los futuros habitantes de la vivienda, sus familiares y los ayudantes realizan una ceremonia acompañada de alcohol, cigarro y coca.

Antes de emprender con la edificación se comparte un momento de reflexión donde se pide que el trabajo se realice sin ningún percance. Posteriormente, el estreno de la vivienda también es motivo de una pequeña fiesta en señal de agradecimiento a los *mallkus* y a los compañeros que ayudaron en la construcción. Estos ritos son muy importantes para los chipayas porque les brindan seguridad y sobre todo protección en su nueva vivienda.

De esta manera, la presencia de un gran número de ritos, mitos y leyendas influyen en sobremanera en la vida cotidiana de los chipayas. Una sola falla en la realización de uno de ellos pronostica malos augurios.

La segunda vertiente de influencia en el pensamiento chipaya es la visión cristiana que tuvo que adecuarse a las costumbres del pueblo y apoyar sus tradiciones para poder imponerse. Existe una amplia variedad de fiestas y costumbres heredadas por esta visión, que se llevan a cabo tradicionalmente, pero que llevan un complemento de la visión chipaya.

La iglesia que data del siglo XVIII tiene una ubicación estratégica ya que se encuentra en el centro del poblado y representa el espacio de reunión de los ayllus. Se compone de una capilla de planta rectangular con cubierta a dos aguas, una torre de gran altura y dos espacios exteriores. El espacio más pequeño que rodea la capilla cuenta con cuatro posas, una en cada esquina. Adosado a este espacio se encuentra un espacio más grande o plaza con oratorios también en las esquinas. La magnitud de esta plaza permite la reunión de todos los habitantes de Chipaya.

Las posas son de planta cuadrada y están cubiertas a dos aguas con un sencillo techo de paja. Se ingresa a ellas por medio de un arco que indudablemente es una aportación española.

La torre es de adobe y tiene tres pisos, con cuatro contrafuertes en su base. Esta torre tiene remata con una cúpula, característica tomada de la forma de sus viviendas. Frente a la iglesia, sobre una base de adobe, se encuentra la cruz hecha de paja.

El testimonio de este pueblo nos ayuda a comprender la importancia de los mitos en toda agrupación social y la necesidad de conocerlos para comprender los distintos comportamientos que pueden adquirir sus habitantes.

"La voluntad creativa"

El historiador y teórico de arte alemán Wilhelm Worringer [16] en su libro *La esencia del gótico*, se propone estudiar el origen y la esencia del gótico. Con este fin, explica las diferentes características de cuatro categorías de hombres: el hombre primitivo, el hombre clásico, el hombre oriental y el hombre gótico. A partir de este análisis aparece el concepto de "voluntad creativa". Este, nace del intento de comprender el proceso de creación artística de los pueblos, y a su vez, este proceso nace de una inquietud que busca algo y que trasciende la actividad consciente; posee vida propia y representa valores de especie espiritual. El hombre se siente dominado por fuerzas extrañas que lo conducen a crear y a comprender al alma humana y las formas en que se manifiesta. Así, apunta, la historia del arte es la historia de la voluntad artística.

Basándonos en esta idea de Worringer, realizaremos un breve estudio de la voluntad creativa de los chipayas. Podríamos decir que su "voluntad creativa" tiene los rasgos del hombre primitivo descrito por Worringer. Este hombre vive solo, en un mundo ajeno, al que teme. Para mitigar su miedo crea valores inmutables y absolutos, que lo llevan a crear un idioma, una forma de vida y, sobre todo, la necesidad de creer en algo lo lleva a crear una religión como medio de explicación a aquello que no logra entender.

El pueblo chipaya no sufrió las consecuencias de la conquista española como otros pueblos, ello se debe a la difícil accesibilidad a este territorio y a sus condiciones climáticas que requieren de una acción estoica por parte de sus habitantes. Este pueblo mantuvo su condición de libertad y su postura hacia la vida fácil, sin preocupaciones ni esfuerzos de conservación o de progreso. Su existencia callada como las montañas y la extensión monótona de la planicie los llevó a una expresión igualmente inánime en su arte. Su arquitectura es testigo de una voluntad creativa que surgió hace muchos años y que aún conserva sus rasgos iniciales, posee una concepción muy singular y, sobre todo, es representativa de una forma de vida y de las condiciones climáticas del territorio.

A continuación, se encuentra una breve descripción del proceso de construcción de la vivienda chipaya y, además, logramos demostrar que esta voluntad creativa es congruente con las necesidades de este pueblo debido a que sus rasgos iniciales se han mantenido en el tiempo.

Los materiales requeridos para la construcción de la vivienda chipaya son:

- *tepes* para el muro,
- *th'ola* de ramas grandes para sostener la cubierta,
- paja brava para "trenzar" sogas y atar la *th'ola*.
- madera de cactus para la puerta.
- arcilla para revocar la vivienda.

Las viviendas son construidas por sus propios dueños con ayuda de algunos vecinos. Este tipo de construcción es una tradición que pasa de generación en generación por lo que la habilidad de los chipayas es ampliamente reconocida en los pueblos vecinos. El arquitecto De la Zerda en su libro *Los Chipayas: modeladores del espacio* describe muy claramente la construcción y la elección de materiales para estas viviendas:

"En el caso de los tepes, se elige primeramente un buen pasto de raíces gruesas y maduras, con el fin de garantizar la durabilidad. Luego se traza una doble curva en el pasto, con azadón. Los cortes en sentido transversal dan la forma precisa a los tepes, mediante certeros y limpios golpes de azadón. Seguidamente se procede a la extracción, traslado y apilado de los tepes, hasta que se considere que están lo suficientemente secos para la construcción (unos diez días)" [17].

Entonces se puede proceder a la construcción, pero sin antes haber realizado la ch'alla, ceremonia en honor a los Mallkus, que se han descrito anteriormente.

Como paso siguiente se realiza el replanteo de la construcción en el lugar que fue elegido por los futuros habitantes.

"El tamaño de la habitación se calcula por "brazadas" sobre una cuerda (hay viviendas de más de 4 m de diámetro), y se procede a marcar sobre el terreno; se determina el punto central, y se va trazando el círculo con la cuerda tensa (a manera de compás), con lo que se dimensiona la futura morada La construcción no cuenta con ningún tipo de cimentación. Habiendo nivelado el terreno se procede a levantar los muros de tepes que "se depositan directamente sobre el suelo uno a continuación del otro (...) Son colocados con las raíces hacia arriba y el pasto abajo (...) Guiándose por el círculo trazado previamente, se levanta, fila por fila la pared curvilínea, cual arandela o anillo que se va estrechando, mediante la técnica de la bóveda "por avance", hasta una altura de 2.20 m. aproximadamente, donde ya se percibe la forma parabólica, característica de la vivienda chipaya" [18].

Cabe recalcar que no utilizan ningún tipo de ligante entre los bloques, las juntas se realizan en seco.

"La última fila, es de un bloque más ancho (de unos 45 cm.) y funciona como una especie de pequeño alero (huaylla), a la vez que servirá para sujetar los nervios estructurales de la futura cúpula" [19].

Durante el proceso de levantamiento de los muros se deja un espacio trapezoidal destinado para la puerta, "el dintel será hecho de bolillos de madera rolliza, o se usa lo que se pueda encontrar y cumpla su función" [20].

"La vivienda urbana o wallichi Koya [el segundo tipo de vivienda], tiene una cubierta de paja en forma de cúpula, la cual está sostenida por una estructura, formada por arcos o nervios de thola. Estos se forman uniendo fuertemente las ramas de thola con cuerdas de paja brava, trenzadas previamente. Luego se fijan por sus extremos, en los orificios del muro hechos con anterioridad y se amarran solidariamente unos con otros (en los cruces), conformando de esta manera el esqueleto portante. Luego se cubre éste, con una "lámina" de arcilla y paja, llamada en aymará "tacta" y en lengua chipaya "wara", que es fabricada en el suelo anteriormente. Esta lámina es de forma circular y para facilitar el traslado hasta el techo, se corta en partes de forma trapezoidal. Encima de la wara se coloca paja brava, como protección contra el agua de lluvia. A su vez la paja se sujeta por encima con una "chipa" o red trenzada con el mismo material; paja brava, como precaución contra los fuertes vientos. En la actualidad esta malla se ha simplificado, reduciéndose a una cuerda que es colocada en el lado oeste de la cúpula, ya que los vientos que vienen de la costa del Pacífico son los más fuertes" [21].

Para evitar que la lluvia o el viento penetren por las juntas que quedaron entre los bloques, se procede a revocar los muros con arcilla, tarea que se realiza totalmente a mano sin la ayuda de ninguna herramienta.

La puerta de ingreso a la vivienda es de madera de cactus, que se trae de lejos. El vano de la puerta se encuentra a unos 40 centímetros del nivel del suelo para evitar el ingreso del agua en caso de inundaciones. La altura total del vano es de 1.20 metros como máximo, de modo que es preciso agacharse para ingresar en la vivienda, la puerta es pequeña para evitar el ingreso del frío y provocar el enfriamiento de la vivienda en su interior. La conclusión de una vivienda se festeja con otra *ch'alla* para agradecer a los *mallkus* por la nueva vivienda y reconocer a los compañeros por su cooperación.

La vivienda chipaya posee la estabilidad y firmeza necesaria para su fin y para el territorio donde se encuentra. Toda la estructura es portante, capaz de sostener su propio peso y las inclemencias del viento y la lluvia, únicos factores de destrucción. Para prevenir las inundaciones que traen las lluvias, los chipayas construyen sus casas sobre una plataforma de 30 centímetros de altura y el vano de la puerta se encuentra a unos 40 centímetros del suelo; igualmente, trabajan en el encauzamiento del río, con trabajos de drenaje y la construcción de una gran muralla de tepes para evitar que el agua penetre en el poblado.

"Todo este conjunto de materiales, procedimientos, instrumentos, capacidad y fuerza humanas, constituyen una técnica verdaderamente original e imaginativa" [20]. Así bien, podemos decir que los habitantes de Chipaya, con ingenio y habilidad (voluntad creativa) lograron construir sus viviendas con lo que la naturaleza les proporcionó, teniendo como resultado una solución acertada. Esta es la expresión más profunda de este poblado y representa la mejor manera de enfrentar al medio ambiente que pudieron lograr estos hombres. Es un claro ejemplo de la voluntad creativa de un pueblo, que lo identifica y sobre todo es resultado de sus necesidades. Cada pueblo posee su voluntad creativa propia, diferente de las demás, pero igualmente valiosa.

En la actualidad, somos testigos de una constante pérdida de valores, vivimos en un mundo carente de profundidad. Nos conformamos con todo aquello que se nos impone y poco a poco perdemos nuestra voluntad creativa; resulta más fácil repetir o copiar las cosas que ponernos a crear algo que nos identifique, algo que tenga que ver con nuestra cultura, nuestras tradiciones y costumbres. Estamos rodeados por un mundo que no nos pertenece, ajeno, saturado de información y conocimiento donde ya no sabemos quiénes somos en realidad, de dónde venimos o hacia dónde nos dirigimos.

La práctica de nuestra profesión representa un compromiso muy grande con nuestra sociedad, a quien debemos otorgar el valor que se merece y a su vez recuperar su identidad que con el paso del tiempo ha ido perdiendo. El valor estético se encuentra en contacto con nuestra propia cultura y no así en la copia de todo aquello que se realiza en otros países.

Aún es posible recuperar aspectos de nuestra cultura y con ello la voluntad creativa de nuestros pueblos que nos pertenece y no es un "préstamo" o una "imposición" de otras culturas. Nos debemos dejar llevar por la voluntad creativa y expresar todo aquello que llevamos dentro y que hemos heredado de nuestros ancestros. De esta manera lograremos adquirir mayor seguridad en nosotros mismos y recuperar nuestra identidad.

El sentido de la choza

Mediante el libro *La poética del espacio*, Gaston Bachelard se propone "examinar imágenes muy sencillas, las imágenes del espacio feliz" [22], aquellos espacios que poseemos, amamos y defendemos.

"El espacio captado por la imaginación no puede seguir siendo el espacio indiferente entregado a la medida y a la reflexión del geómetra. Es vivido. Es vivido no en su positividad, sino con todas las parcialidades de la imaginación (...) Concentra ser en el interior de los límites que protege" [23].

A partir de la lectura y análisis de este libro, comprendemos el espacio como algo que tiene vida y que forma parte de nosotros, es mucho más que dimensionamiento o materiales, encierra recuerdos buenos y malos, toda una vida de sensaciones. Bachelard explica el concepto de "casa" como ese ser que nos protege, como "nuestro primer universo", como todo un "cosmos".

"La casa en la vida del hombre suplanta contingencias, multiplica sus consejos de continuidad. Sin ella, el hombre sería un ser disperso (...) Es cuerpo y alma. Es el primer mundo del ser humano" [24].

"La casa no es simplemente un objeto que se describe, lo más importante, su esencia, es que narra hechos o impresiones para llegar a las virtudes primeras, a aquellas donde se revela una adhesión, en cierto modo innata a la función primera de habitar" [25].

Bachelard toma a la choza como referencia primera del sentido de habitar, "vista íntimamente, la vivienda más humilde ¿no es la más bella?" [26]. La vivienda chipaya es muy pequeña y humilde. Sin embargo, en ella se siente el sentido de protección que provee a sus habitantes. En su interior, el que mora en ella, se refugia de las inclemencias del clima, se alimenta y duerme. Su planta circular enfatiza ese sentido de intimidad, de cobijo, como si estuviéramos en el regazo materno, allá nada nos puede hacer daño, estamos seguros.

Esta vivienda, prácticamente carece de muebles debido a la falta de recursos en el lugar. Existen, sin embargo, viviendas que cuentan con algún tipo de mobiliario, lo que varía según el nivel de vida de cada familia. Al interior cuenta con una cocina de arcilla que mantiene caliente el ambiente durante el día y combate el frío extremo de las noches. "La cabaña no puede recibir ninguna riqueza de "este mundo". Tiene una feliz intensidad de pobreza (...) De despojo en despojo, nos da acceso a lo absoluto del refugio" [27].

La conformación de la vivienda chipaya responde a las necesidades de sus habitantes ya que contribuye a crear un micro clima y un ambiente apropiado que mejore sus condiciones de vida. Resultó un reto para estos pobladores *proveerse de un refugio, de un espacio contra los rigores del clima polarizado entre el frío extremo del altiplano, y el calor de un desierto (hostigado además por vientos huracanados)"* [28].

Las características más relevantes de la vivienda chipaya son las siguientes:

- Forma circular cónica que se asemeja a los iglúes, con el fin concentrar y conservar el calor que se pueda generar al interior.
- Ausencia total de vanos, salvo la presencia de una puerta de ingreso.
- La puerta, ubicada al este, resguarda la vivienda de los fuertes vientos del oeste y atrae el calor del sol de la mañana.
- Toda la vivienda tiene un revoque de arcilla que permite su impermeabilización evitando que el frío se filtre a través de las juntas.

El sentido de la choza abarca la esencia misma de habitar. "La choza, en la página de Bachelard, aparece sin duda como la raíz pivote de la función de habitar. Es la planta humana más simple, la que no necesita ramificaciones para poder subsistir. Es tan simple que no pertenece ya a los recuerdos, a veces demasiado llenos de imágenes. Pertenece a las leyendas. Es el centro de las leyendas" [29].

Concluimos diciendo que esta pequeña vivienda representa el mejor ejemplo del concepto de vivienda, en su simplicidad, el habitante siente esa paz que le permite soñar, ese calor maternal, esa protección que le ayuda a encontrarse y conocerse. "La cabaña es la soledad centrada" [30] a la que se refiere Bachelard.

Toda vivienda, por más lujosa y grande que sea debe tener espacios que nos transporten:

> "los ensueños de la choza son otras tantas invitaciones a imaginar de nuevo. Nos devuelven estancias del ser, casas del ser, donde se concentra una certidumbre de ser. Parece que habitando tales imágenes, imágenes tan estabilizadoras, se volviera a empezar otra vida, una vida que sería nuestra, que nos pertenecería en las profundidades del ser" [31].

Aplicando todos estos planteamientos en la arquitectura chipaya y, a manera de enriquecer la comprensión de la arquitectura, podemos decir que nuestra misión es realizar obras arquitectónicas que reflejen nuestra entrega y compenetración, donde cada habitante reviva esa intención, la haga suya y sobre todo sienta esa paz que le permita soñar, ese calor maternal, esa protección que, finalmente, lo ayude a encontrarse y a conocerse.

El trasfondo

El trasfondo al que alude el filósofo alemán Nicolai Hartmann en su libro *Estética*, nos ayuda a determinar el valor y la esencia de una obra arquitectónica. Él mismo, apunta que este "surge toda una vida en el trasfondo: pueblos y épocas históricas aparecen vivas en sus construcciones: su piedad, su poder, su libertad, su "ethos", su burguesía, su campesinado o su nobleza" [32]. Así, nos explica cómo es que toda obra arquitectónica refleja una época y marca el comportamiento de una determinada agrupación, es el reflejo de su pensamiento, sus necesidades, su forma de vida.

Identificar el trasfondo de la vivienda chipaya resulta muy interesante debido al valor que esta representa tanto para sus habitantes como para la sociedad en general. A continuación, trataré de identificar en ella los diferentes estratos, de los que nos habla Hartmann en su trasfondo.

Estratos externos de la obra arquitectónica: La composición según un propósito

Toda obra arquitectónica debe poseer un tema, un propósito, sin ello la obra es impensable. Por otro lado, la solución efectiva del tema aporta un valor estético único que crea el artista.

Uno de los propósitos principales de toda vivienda es el de protección. Sin embargo, a este propósito se le debe añadir una serie de aspectos muy puntuales derivados de costumbres, actividades, habitantes, etc., en sí todas las necesidades generales y específicas. En este caso, el propósito de la vivienda chipaya se refleja muy claramente en su concepción. La necesidad mayor es la de resguardarse de las inclemencias del clima del exterior. A partir de ello, los habitantes conciben una solución congruente con su entorno y el espacio que ocupan. La solución se realiza utilizando los materiales que la naturaleza pone en sus manos, y tiene como resultado un espacio seguro, protegido y de gran valor estético.

La composición espacial

Este estrato hace referencia a la cualidad de la obra arquitectónica y a la infinidad de posibilidades existentes para poder representar o dar solución a un determinado propósito.

En el tema que venimos analizando, la composición espacial de esta vivienda es circular cónica, semejante a la de los iglúes. Una vez más, la solución es acertada y responde a las necesidades de sus habitantes, ya que por su forma, logra concentrar y conservar el calor que se pueda generar al interior. Esta concepción no tuvo ningún cambio desde tiempos muy remotos, lo cual demuestra su valor, su propósito e incluso su temporalidad.

La composición dinámica

Toda obra posee una dinámica con la cual avanza sobre las anteriores soluciones espaciales de un tema semejante.

La vivienda chipaya surge ante la necesidad de generar un espacio que cumpla con las funciones de cobijo, alimentación y reposo, a partir de ello adquiere una composición dinámica de acuerdo a los materiales del lugar y a la intuición constructiva de sus habitantes. La vivienda chipaya responde a una solución muy creativa que refleja una necesidad, pero que a su vez posee un valor estético congruente, con su entorno creando un mundo donde la inmensidad del paisaje remarca el perfil de las viviendas cónicas representando un modo de vida muy particular y que parece mimetizarse en el territorio, pero que a su vez nos provoca curiosidad y admiración por su composición dinámica original.

Estratos internos de la obra arquitectónica
El espíritu o sentido en la solución de la tarea práctica

La solución de determinada obra debe ser congruente con el modo de vida comunitaria de su tiempo.

Así, la vivienda chipaya es testigo de un modo de vida muy particular que existió hace miles de años y que aún conserva sus rasgos iniciales. Su sentido, esencialmente de protección se refleja en su forma, el empleo de los materiales, su emplazamiento, etc. Todos los problemas que quizá fueron surgiendo con el tiempo, fueron solucionados de manera acertada y, actualmente, se repiten de generación en generación, sin ningún cambio, de ahí que su valor trascienda en el tiempo.

La impresión de conjunto de las partes y el todo

Las diversas partes que componen una determinada obra arquitectónica deben ser congruentes y armónicas entre sí.

En la vivienda chipaya existe una armonía muy marcada en cuanto a sus partes y, todo aquel que vive este espacio vive una experiencia de confianza, de adecuación, de contemplación que expresa su fin principal: conseguir un espacio seguro destinado al reposo, la alimentación y el resguardo a las inclemencias del clima exterior. Al revivir lo que los habitantes quisieron lograr en tiempos muy remotos, la vivienda chipaya trasciende la barrera del tiempo y marca una impresión de conjunto congruente.

La expresión de la voluntad vital y del modo de vida

La impresión que quiso causar esta obra en el momento de su concepción sigue siendo experimentada en la actualidad. Su idealidad continúa en pie por sobre la medida humana y el tiempo. Vivir este espacio nos remonta a la "función primera de habitar" que caracteriza esa necesidad que tenemos todos, de protección y seguridad, como la sensación del regazo materno. Vivir o imaginar este espacio nos conduce a comprender su idealidad o su "voluntad vital" como testimonio de una época, de una forma de vida y a su vez de sus ideales.

Conclusiones

Los chipayas, un pueblo testigo de nuestros orígenes, cuya presencia hace que tomemos conciencia de nuestra identidad; sus tradiciones y mitos, que traspasan las barreras del tiempo y nos ayudan a llenar esos vacíos que no acabamos de entender; sus habitantes, con un proceso de creación artística o "voluntad creativa" que se plasma en una arquitectura muy ingeniosa, peculiar y de singular belleza, provocando en quienes la admiramos cierto misterio y asombro; su vivienda circular que, en su simplicidad, ejerce el sentido de protección e intimidad en sus habitantes; en sí, una arquitectura con un trasfondo que determina su valor, su trascendencia en el tiempo y su "voluntad vital" testigo de una época y una forma de vida. Todo ello nos proporciona una imagen, un conjunto valioso digno de ser conocido y admirado.

El análisis realizado a lo largo de este texto, aplicado a conceptos desarrollados por distintos autores, nos brinda una visión diferente y más humana. El modo de vida de estos hombres, sus costumbres, su arquitectura, sus tradiciones, su religión, su lengua madre, etc. poseen una riqueza y belleza dignas de ser conservadas y analizadas.

Sin embargo, en la actualidad, asistimos a su progresiva extinción, una cultura con tanta riqueza va desapareciendo poco a poco ante nuestros ojos y nadie hace algo por evitarlo. La importancia de conservarla, testigo de nuestros orígenes es, hoy, algo esencial. Esta cultura merece apoyo, pero no un cambio que la destruya por completo; los chipayas merecen un apoyo que conserve su equilibrio social y espiritual.

Esta cultura es una más de todas las existentes a lo largo del territorio latinoamericano. Sin embargo, espero haber logrado mi propósito, el de rescatar muchos de sus aspectos relevantes y a la vez estimular a la realización de tareas dirigidas a nuestras comunidades. Todos los pueblos debemos encarar esta labor ya que cuanto más pronto se efectúe, podremos conocernos mejor y conservar lo que queda de algo que es nuestro, nos pertenece. Es tiempo de actuar, pero debemos hacerlo ahora, pues como bien dijo Octavio Paz "el valor supremo no es el futuro sino el presente" [33]. Nuestra acción debe realizarse lo más pronto posible, debemos ser capaces de quitarnos las máscaras y vernos tal cual somos, sin perjuicios porque "aquel que construye la casa de la felicidad futura edifica la cárcel del presente" [33], debemos actuar en el presente.

Notas

1. Condarco, Morales, Ramiro, "Orígenes de la Nación Boliviana: Interpretación Histórico Sociológica de la Fundación de la República", La Paz, Bolivia: Instituto Boliviano de Cultura, 1977, p.103.
2. Ramos, Samuel, "El perfil del hombre y la cultura en México", México: Espasa Calpe Mexicana, 1997, p.103.
3. Paz, Octavio, "El laberinto de la soledad, Posdata, Vuelta al laberinto de la soledad", México: Fondo de Cultura Económica, 1998.
4. Ramos, Samuel, "El perfil del hombre y la cultura en México", óp. cit.
5. Paz. Octavio, óp. cit., p.182.
6. Ramos, Samuel, óp. cit., p. 67.
7. De La Zerda, Ghetti, Jorge, "Los Chipayas: modeladores del espacio", La Paz, Bolivia: Instituto de Investigaciones de la Facultad de Arquitectura y Artes IIFAA.UMSA y Misión de cooperación técnica holandesa, 1993, p.24.
8. Ibíd., p.25.
9. Metraux, Alfred, "Les indiens Uro-Cipaya de Carangas" Vol. VI; Paris: Journal de la Societé des Americanistes, 1935, pp. 1-106.
10. Watchel, Nathan ha desarrollado una tesis del "modelo cultural" que ordena la sociedad chipaya del presente y que se expresa en la organización social biespacial del territorio y la arquitectura en "Le retour des ancestres", Francia: Gallimard, 1991, Siglos XX-XVI.
11. De Mesa, José et al. Gisbert, Teresa, "Los Chipayas", Separata facticia

de 28 pp. del Anuario de Estudios Americanos, Sevilla: Escuela de Estudios Hispanoamericanos, 1996.

12. Watchel, Nathan, óp. Cit., pp. 1-689.
13. Ramos, Samuel, óp. cit., p. 91.
14. Cassirer, Ernst, "El mito del estado" (trad. Eduardo Nicol), México: Fondo de Cultura Económica, 1985, p.37.
15. Mito que corresponde a una recopilación de diversas fuentes: -Quispe, Martín, "Copia del cuadernillo de historia tradicional de los Urus de Chipaya", -Metraux, La Barre, Posnasky, Vellard, "Datos sobre la tribu de los Chipayas", -Watchell, Nathan, óp. cit.
16. De La Zerda, Ghetti, Jorge, óp. cit., pp. 71-81.
17. Ídem.
18. Ídem.
19. Ídem.
20. De La Zerda, Ghetti, Jorge, óp. cit., p. 83.
21. Bachelard, Gastón, "La poética del espacio", México: Breviarios Fondo de Cultura Económica, 1975, p.27.
22. Ibíd., p. 28.
23. Ibíd. p. 37.
24. Ibíd. p.34.
25. Ídem.
26. De La Zerda, Ghetti, Jorge, óp. cit., p. 63.
27. Ibíd. p. 131.
28. Bachelard, Gastón, óp. cit., p.62 y 63.
29. Ibíd., p.63.
30. Ídem.
31. Hernández, María Elena, "La estética de Nicolai Hartrmann", Apuntes para seminario, México, 1997.
32. Paz, Octavio, p. 286.
33. Ídem.

Bibliografía

Arze Aguirre, René, artículo: "Los Chipayas: Conversación con Nathan Wachtel", La Paz, Bolivia: Periódico Presencia, 1991.

Bachelard, Gastón, "La poética del espacio"/ "La poétique de l'espace" (trad. Ernestina de Champourcin), México: Fondo de Cultura Económica, 1ª. Edición en francés 1957, 2da. Edición 1975.

Cassirer, Ernst, "El mito del Estado"/ "The Myth of the State" (trad. Eduardo Nicol), México: Fondo de Cultura Económica, 1ª. Edición en inglés 1946, 1ª. Edición en español 1947.

De La Zerda Ghetti, Jorge, "Los Chipayas: modeladores del espacio", La Paz, Bolivia: Instituto de Investigaciones de la Facultad de Arquitectura y Artes, IIFAA - UMSA y Misión de Cooperación Técnica Holandesa, 1993.

De Mesa, José et al. Gisbert, Teresa, "Los Chipayas", La Paz, Bolivia: Revista Aeronáutica.

Hartmann, Nicolai, "Estética" / "Aesthetic"(trad. Elsa Cecilia Frost), México: Universidad Nacional Autónoma de México, 1ª. Edición en alemán 1953, 1ª. Edición en español 1977.

Vania Verónica Hennings Hinojosa

Heidegger, Martin, "Arte y Poesía"/ "Der Ursprung des Kunstwerkes" (trad. Samuel Ramos), México: Fondo de Cultura Económica, 1ª. Edición en alemán 1952, 1ª. Edición en español 1958.

Hernández, María Elena, "La Estética de Nicolai Hartmann", México: apuntes para un seminario, octubre 1997.

Paz, Octavio, "El arco y la Lira", México: Fondo de Cultura Económica, 1ª. Edición 1956, duodécima edición 1998.

_____, "El laberinto de la soledad. Posdata. Vuelta al laberinto de la soledad", México: Fondo de Cultura Económica, 1ª. Edición en 1950, 2da. Edición 1993.

Quispe, Martín, "Copia del Cuadernillo de Historia Tradicional de los Urus de Chipaya", La Paz, Bolivia: Khana Revista Municipal de Artes y Letras, volumen 3, No. 11-12, 1955.

La Barre, Veston, "The Uru-Chipaya" en Handbook of South American Indians, vol. 2, Washington, 1946.

Metraux, Alfred, "L'Organization sociale et les survivances religieuses des Indiens Uru-Chipaya de Carangas - Bolivia", Argentina: Congreso Internacional Americano La Plata, 1923.

Metraux, La Barre, Posnasky, Jean Vellard: "Datos sobre la tribu de los Chipayas", Revista Khana.

Ramos, Samuel, "El perfil del hombre y la cultura en México", *México: Espasa Calpe Mexicana, vi*gésima octava reimpresión 1997.

_____, "Hacia un nuevo humanismo", México: Fondo de Cultura Económica, 1ª. Edición 1940, 3ª. Edición 1997.

Ruiz, Jorge et al. Roca, Augusto, "Apuntes sobre la película de los Chipayas", Bolivia, La Paz: Revista "Khana", núms. 11 y 12, 1955.

Wachtel, Nathan, "Hombres del agua" El problema URU, siglos XVI – XVII, publicado primeramente en Annales, Economies, Societés. Civilisations 33 (5-6): 1159, Paris: CNRS, 1978, y en castellano en Revista del MUSEF.

_____, "Le retour des ancestres", editorial Gallimard, Francia 1991.

Worringer, Wilhelm, "La esencia del estilo gótico"/ "formprobleme der Gotik" (trad. Manuel García Morente); Argentina: ediciones Nueva Visión, 1ª. Edición en alemán 1911; 1ª. Edición en español 1973.

Totalitarismo y vanguardia en la arquitectura fascista italiana

DANIEL NARVÁEZ TORREGROSA

Mientras que en la Alemania nacionalsocialista todo rastro de la creación artística de la vanguardia es eliminado y sustituido por la pesada carga de un realismo popular, en el caso de la Italia fascista no ocurre lo mismo, sino que el estado corporativo de Mussolini se valdrá de la vanguardia y del talento de numerosos artistas que constituyeron el núcleo del futurismo para elevar las obras que caractericen a la nueva nación. No en vano, el propio Marinetti, fundador del futurismo, acudirá a las elecciones de 1919 en las listas del Partido Fascista. En el manifiesto fundacional del futurismo se encuentran algunos rasgos que serán compartidos por la ideología fascista, a saber:

"Nosotros queremos glorificar la guerra -única higiene del mundo- el militarismo, el patriotismo, el gesto destructor de los libertarios, las hermosas ideas por las que se muere y el desprecio por la mujer" [1].

En este momento histórico el arte y la arquitectura ofrecerán una vanguardia en la que el sentido de movilidad, el dinamismo, será el objetivo de artistas como Boccioni o Carra y de arquitectos teóricos como Chiattone o Sant'Elia y que finalmente encontrarán su realización con Sironi o Terragni inmersos ya en época fascista. La arquitectura futurista definida por Sant'Elia en el manifiesto como "L'architettura del calcolo, dell'audacia temeraria e della semplicità; l'architettura del cemento armato, del ferro, del velero, del cartone, della fibra tessile e di tutti quei surrogati al legno, alla pietra e al mattone che permettono di otenere il masimo della elasticita e della leggerezza" [2] plantea una serie de elementos que serán retomados por la arquitectura del periodo fascista. El estado totalitario italiano pondrá en marcha un programa que girará en torno a la figura del *Duce* y en el que se creará un espacio escénico digno del líder, tarea en la que los arquitectos tendrán un papel primordial y para la que recurrirán a diferentes lenguajes.

Así pues, nos encontramos con un doble lenguaje; por un lado obras de carácter arqueológico, puesto en práctica por aquellos arquitectos y teóricos que buscan en la tradición histórica modelos y materiales para elevar las obras representativas del momento y dotarlas de un fuerte carácter conmemorativo. Por otro lado, se asiste a una renovación arquitectónica, tarea emprendida por una serie de arquitectos que quieren romper con la tradición y buscar nuevas manifestaciones recurriendo a un lenguaje moderno, y que ven en el uso de los nuevos materiales una ocasión única para materializar las obras representativas de un estado en continua evolución.

El valor que la arquitectura moderna tiene para los dirigentes del nuevo estado es de tal importancia que Mussolini no duda en colocar a la jefatura de los proyectos urbanísticos de Roma a Piacentini, defensor –en primera instancia– de la arquitectura moderna. En cualquier caso, esta decisión abre la posibilidad de que los arquitectos puedan manifestar sus opiniones con respecto a la arquitectura moderna y tratar de hacerla coincidir con los intereses del Estado [3].

Entre todos los arquitectos que adoptan las nuevas formas para servir al Estado fascista, destaca la figura de Giusepe Terragni. Formado en el Politécnico de Milán, quien sería uno de los alumnos aventajados al dejarse seducir por las innovadoras teorías de Le Corbusier. El interés le lleva a formar parte del *Gruppo* 7 y a organizar en 1928 la primera muestra de arquitectura racional. También de este momento son dos obras en las que introduce la modernidad: el Monumento a los Caídos de la Gran Guerra, inspirado en un diseño de Sant'Elia, y la Oficina del Gas ambas en la ciudad de Como.

Un proyecto espectacular y novedoso es el bloque residencial del Novocumum, edificio en el que introduce novedades sobre una estructura de fachada clásica (basamento, cuerpo elevado, ático y cubierta) tales como el empleo de concreto armado, vidrio y, sobre todo, por el innovador cilindro con el que rompe el muro en "L" que se suponía tradicional para la esquina, y que aumenta su dinamismo al dejar el ático en ángulo recto.

En 1932 Terragni recibe el encargo de realizar la Casa del Fascio para la Federación de Como. El proyecto trata de hacer realidad unas palabras de Mussolini: "El fascismo es una casa de cristal". Para materializar esta idea parte de una idea básica: el cubo, forma estática a la que dotará de gran dinamismo en primer lugar creando cuatro fachadas distintas en las que conjuga aberturas y lienzos de manera vertical, y al tiempo que hunde la fachada dejando al descubierto los elementos estructurales (pilares y vigas).

Por otro lado, el interior lo organiza en torno a un espacio central que se inicia en la planta interior como un atrio y que según asciende, va convirtiéndose en espacio de comunicación en el cual no hay distinción entre interior y exterior, como él mismo señala:

"Un amplio espacio cubierto en el centro, al que dan los espacios de paso, los despachos, las salas de reunión [...] es preciso anular toda solución de continuidad entre interior y exterior, haciendo posible que un jerarca hable en el interior y simultáneamente sea seguido y escuchado por la masa reunida en la plaza (...) he aquí el concepto mussoliniano de que el Fascismo es una casa de cristal" [4].

En el conjunto Terragni da uso a los nuevos materiales (visibles en algunos sectores de la edificación) mientras que conserva otros clásicos, como el recubrimiento de mármol en la fachada. Su intención es ofrecer un nuevo modelo arquitectónico puesto que, según manifestaba: "el tema es nuevo; absolutamente imposible, pues, cualquier referencia a edificios de carácter representativo; es necesario crear sobre bases nuevas y no olvidar que el Fascismo es un acontecimiento absolutamente original" [5].

Esta originalidad constructiva la aplica en otra de sus realizaciones, en este caso respondiendo a la política estatal de construcción de viviendas. El Estado Fascista, lejos de propugnar un estilo autóctono como sucedía en Alemania, busca espacios racionales. En este sentido, Terragni junto a Lingeri edifican la Casa Rustici, de nuevo una variante sobre la forma del cubo, en la que crean dos bloques separados por un inmenso patio central de modo que consiguen crear apartamentos en los que el acceso permite un espacio de intercambio común y una estructura interna orientada hacia el exterior, en contacto con la luz.

Uno de los últimos proyectos de Terragni para el sistema fascista y que no llegó a materializarse es el Danteum, edificio conmemorativo al genio creador italiano y en el que despliega un programa de arquitectura moderna para crear una sucesión de espacios inspirados en la *Divina Comedia*. El edificio trataba de retomar el sentido de viaje o peregrinación descrito por Dante en su poema, tal y como señala el propio arquitecto:

"(…) crear una atmósfera que sugestione al visitante y parezca gravar incluso físicamente sobre su persona mortal y lo conmueva tanto como el viaje conmovió a Dante en la contemplación de desventura de las penas de los pecadores que en el triste peregrinaje iban encontrando" [6].

Terragni divide su edificio en tres plantas, retomando así la estructura del poema, y cuyos espacios rectangulares serán sometidos a un sistema de proporciones basados en el rectángulo áureo y los números 1, 3 y 7 que aparecen constantemente en el poema de Dante.

Así, para la entrada del edificio, Terragni parte de los primeros versos del poema:" A mitad del camino de la vida, en una selva oscura me encontraba, porque mi ruta había extraviado…" [7].

Palabras que se iban a materializar por medio de un bosque de 100 columnas de mármol que se corresponden con el número total de los cantos que conforman la *Divina Comedia*. La lóbrega descripción de los tormentos infernales sería llevada a la obra por medio de una serie de salas cuadradas de tamaño decreciente según el curso ascendente al nivel superior, y sería apenas iluminada por pequeñas hendiduras en el techo. Cada una de estas salas estaría decorada conforme a las culturas de la Antigüedad: Oriente, Egipto, Grecia, Roma. Para la sala del Purgatorio, Terragni, ideó una especie de conciliación de contrarios conforme a la idea de balanza o contrapeso utilizado en el Purgatorio para pesar las almas. En esencia, la sala era similar a la inferior, pero con una sucesión de salas cuadradas crecientes en proporciones. Por último, la sala del Paraíso iba a suponer el encuentro del espectador con la luz, recreando lo descrito por el poeta:

¡Oh, suma luz que tanto sobrepasas los conceptos mortales, a mi mente di otro poco, de cómo apareciste! [8]

La propuesta de Terragni preveía el uso de 33 columnas de vidrio que sostendrían una techumbre también de vidrio, creando así una atmósfera etérea y de marcado carácter espiritual.

Esta obra, que permaneció en proyecto, habla de la importancia que la arquitectura moderna tuvo para el régimen fascista italiano. La lección de la arquitectura moderna fue ampliamente aprendida y seguida por arquitectos como Nervi, Guerini, La Padula, Roma, entre otros, que construyeron numerosa obra en el periodo comprendido entre 1937 y 1942. Sólo con la entrada de Italia en la Segunda Guerra Mundial y los reveses militares y políticos de 1943, el Estado Fascista se volvió desesperadamente hacia una arquitectura de marcado carácter clásico, tratando de buscar en estas eternas formas la estabilidad que le faltaba en el terreno del poder.

Notas

1. Marinetti, "Manifiesto futurista", En De Micheli, M., Las vanguardias artísticas del siglo XX. Madrid, España: Alianza, 2001, p. 307.
2. Sant'Elia, "L'architettura futurista" en De Maria, L., Filippo Tommaso Marinetti e il futurismo, Milán, Italia: Mondadori, 2000, p. 151 – 152.
3. La importancia que tuvo el debate sobre la arquitectura moderna en este momento es recogido por Terragni con estas palabras: "Tras cinco años de lucha y polémica, la invitación lanzada por el Partido Fascista a los jóvenes arquitectos italianos no podía significar mejor elogio a la obra voluntariosa de los sostenedores de una renovación en arquitectura" Terragni, G., "Manifiestos, memorias, borradores y polémicas", Murcia, España: Colegio Oficial de Aparejadores y Arquitectos Técnicos de la Región de Murcia, 2003, p. 81.
4. Ibídem, pp. 95 – 96.
5. Ídem.
6. Ibídem, p. 119.
7. Alighieri, Dante, "Infierno I, Divina comedia", Madrid, España: Cátedra, 2001, p. 778.
8. Alighieri, Dante, "Paraíso XXXIII, Divina Comedia", 67-68; ed. cit. p. 378.

Bibliografía

Alighieri, Dante, "Infierno I, Divina comedia", Madrid, España: Cátedra, 2001.

Marinetti, "Manifiesto futurista", En De Micheli, M., Las vanguardias artísticas del siglo XX. Madrid, España: Alianza, 2001.

Sant'Elia, "L'architettura futurista" en De Maria, L., Filippo Tommaso Marinetti e il futurismo, Milán, Italia: Mondadori, 2000.

Antes de la era moderna: La casa de patio "de alcayata"

ALEJANDRO PÉREZ-DUARTE FERNÁNDEZ

Ya desde el siglo XIX se había observado una transformación de la tipología de la vivienda debido a la escasez de superficie en la Ciudad de México. La reproducción del modelo típico colonial, con patio al centro y corredores perimetrales, era cada vez más difícil de realizarse en solares que tendían a estrechar su frente. El modelo se fragmentó así en dos partes [1], conservando la misma conexión entre piezas y una configuración similar. De hecho, se tiene registro durante el S.XIX de una operación inmobiliaria denominada "par de casas", la cual consistía en crear dos casas separadas que unidas en conjunto, constituían una edificación idéntica a la casa colonial con patio central, aunque atravesado por un muro, escindiéndolo en dos unidades rentables distintas.

Derivado de dicho modelo surge la casa "de alcayata" [2], llamada así por su distribución en planta que adquiere la forma de "L", aunque otras veces también en forma de "C". En el interior, las zonas conservan los mismos valores que la casa tradicional colonial con patio central, en palabras de Federico Mariscal, con "la recepción en una doble crujía de fachada (piezas y gran corredor); la habitación en una de las crujías perpendiculares a la fachada y en el fondo del patio, paralela a la misma fachada, el servicio" [3].

La implantación de la casa de alcayata estaba tipificada por una construcción adherida a un muro medianero, en el alineamiento se localizan las piezas nobles: sala y/o despacho, en la zona más valorada del solar. Opuesto en cuanto a posición, al fondo del solar se situaban las piezas sucias o "no habitables" [4] alejadas del resto de la casa: baño y cocina. Su desvinculación con el resto de la casa se debe principalmente a razones de higiene, la ausencia de una red de saneamiento y a los humos generados en la cocina, donde se utilizaba un brasero. Por razones prácticas, la posición de la cocina condicionaba al comedor, fijándolo al fondo del solar. El comedor, sin embargo, intentaba restituir su condición noble abriendo vistas hacia el patio.

Entre las piezas nobles del alineamiento y las piezas "sucias" del fondo del solar se acomodaban los dormitorios, colocados en línea justo enfrente al patio y a lo largo de un corredor abierto, herencia de la casa colonial.

Así, pues, la conexión entre estos mostraba una condición particular. Por un lado, se disponía de un corredor abierto que permitía una circulación por canalización, dando la posibilidad de una circulación independiente al resto de las zonas de la casa. Además en el interior, los dormitorios se abrían entre sí, formando una matriz de piezas subordinadas con una segunda circulación por filtración. Por un lado los dormitorios se conectaban al corredor exterior como manzanas a un árbol, y en el interior las piezas estaban enlazadas como nudos en una cuerda. Observando otros tipos habitacionales, el doble sistema de circulación se muestra como una característica regular.

Una de las operaciones de mayor magnitud en la Ciudad de México hacia 1913, denominada El Buen Tono, está constituido por viviendas superpuestas a lo largo de calles interiores una suerte de proto-apartamentos. En el interior, la célula está organizada dentro de un modelo decantado de la casa "de alcayata". Las zonas de recepción y servicio se conectaban por canalización, a través de un corredor abierto a un patio de luces, alejándolas entre sí. Los dormitorios se agrupaban al lado opuesto. Y aunque no se conectan por filtración, en una matriz subordinada, se reúnen alrededor de un núcleo íntimo, constituido por el pequeño pasillo que reúne también al baño. El paso al núcleo íntimo desde el patio está, sin embargo, condicionado al cruce de uno de los dormitorios.

Si anteriormente, cuando surgió el modelo de casa "de alcayata", se puede hablar apenas de una fragmentación del legado de la casa colonial, en el cual los valores y zonificaciones continúan operando regularmente, la década de los veintes rompe sustancialmente con la herencia. Desaparece la codificación de piezas nobles y de piezas sucias, y desaparece el doble sistema de circulación. Aunque la inoperatividad del modelo "de alcayata" se puede atribuir a condicionantes urbanas que requerían modelos aún más compactos y verticales debido principalmente a la alza de precios de solares y reducción de su tamaño. Su desaparición se puede atribur también a cambios culturales.

Según se leía en una publicación de los veintes:

> "...el valor total de los terrenos aumentó (...) se inició la etapa del lote pequeño (...) de cien a ciento cincuenta metros que estuviera al alcance de la gente modesta (...) Concomitantemente se desarrolló la casa pequeña en la cual se pensó ya en todas las comodidades como garage, cuartos de baño, clósets y demás invocaciones de una ciudad civilizada. Se levantaron residencias en lotes de seis metros por quince metros, y a la vez la pequeñez le atribuía un aspecto de mayor intimidad, los techos se hicieron mas bajos, las puertas mas pequeñas..." [5]

Las casas unifamiliares comenzaron a replegarse hacia el interior del solar, insertando un volumen de aire en la zona antes reservada a las piezas nobles. La imagen urbana también cambió, efecto percibido en la época según se lee en la descripción de una casa en 1925:

> "el arquitecto se empeña por centrar la casa en el lote, dejando una buena parte del jardín hacia el frente y lo bastante atrás para los servicios naturales de la casa. Frecuentemente se procede en forma inversa, acercando hasta el alineamiento de la calle las fachadas" [6].

Se abren así las puertas hacia nuevas modalidades de habitar a partir del primer cuarto del siglo XX. Se puede adelantar, como uno de los primeros cambios internos, la introducción del *hall* dentro de la estructura habitacional, cuya naturaleza distributiva incita a reorganizar el espacio doméstico.

Francisco José Serrano, uno de los arquitectos más innovadores en arquitectura doméstica de los treintas y cuarentas, comenta el proceso de evolución:

> "Todo el aspecto de la construcción cambió, porque cambió la manera de vivir; las casas antiguas eran muy grandes (...) tenían la entrada, un zaguán, la sala, un corredor con las recámaras a los lados, al fondo el comedor y detrás el comedor o jardincito o un patio de servicio. En la época que

*hablamos, se empezaron a hacer las casas con distribución
central, con el hall reuniendo las piezas. Es funcionalismo, pero
propiamente es efecto de nuestra Arquitectura Internacional,
efecto de los americanos. El americano tiene la casa del
hall por el tipo de clima frío, pero en México se vio que era
muy favorable, para hacer las casas más económicas, quitar
el corredor de intemperie y poner la casa central y hacer la
iluminación por todos lados (sic). Esto cambió un poco el tipo
de distribución de las casas, además de que había cambiado
el tipo de construcción, cambio el tipo de distribución"* [7].

El hall introdujo una nueva forma de distribución. Según
Enrique Ayala, "en su esquema organizativo, el patio central ha sido
cubierto, perdiendo así su función como centro vital y se torna en
un amplio vestíbulo. Al dejar de existir el patio, por donde la casa
tradicionalmente recibía luz y aire, se tuvieron que abrir ventanas
en el perímetro (...) un nuevo orden en la compartimentación del
espacio" [8].

En el interior, la introducción del *hall* surtió un efecto catalizador
para la consumación del sistema moderno de intimidad de los
dormitorios independientes, pues su naturaleza articuladora facilita
la autonomía y otorga privacidad a las habitaciones, al tiempo que
organiza el esquema de tal forma que favorece la disociación e
incita su disgregación de la matriz de piezas subordinadas. En este
nuevo esquema, el espacio familiar ensimismado se sustituye por
un dispositivo de espacios articulados alrededor del *hall*, nuevo
escenario de la vida privada.

Notas

1. Garay Arellano, Graciela de, "La obra de Carlos Obregón Santacilia",
   México: SEP/INBA, 1979, p. 24.
2. Una recopilación de ejemplos de la casa "de alcayata" se pueden
   consultar en Franklin Unkind, Raquel. "La casa porfirinana", México:
   Universidad Nacional Autónoma de México (tesis de maestría sin
   publicar), 1994, identificados como "casa sola". Y también en Martín
   Hernández, Vicente, "Arquitectura doméstica de la Ciudad de México",
   México: Universidad Nacional Autónoma de México, 1981.
3. Mariscal, Federico, "La casa poblana es uno de los modelos típicos
   de las habitaciones de la época virreinal", Excélsior, 23 marzo 1924.
4. La distinción entre "piezas habitables" y "piezas no habitables"

persiste dentro del Reglamento de las construcciones de la Ciudad de México, Eusebio Gómez de la Puente Editorial, México, 1921.
5. "Proceso de mentalidad de nuestro público en materia de construcciones y fraccionamientos", Excélsior, 30 agosto 1925.
6. "El problema de la distribución en lotes pequeños", Excélsior, 16 octubre 1925.
7. "Entrevista con el ingeniero civil y arquitecto Francisco J. Serrano", Construcción Mexicana, octubre 1981.
8. Ayala Alonso, Enrique, "La casa de la Ciudad de México: Evolución y transformaciones", México: CNCA, 1996, pp. 97 y 101.

Bibliografía

Ayala Alonso, Enrique, "La casa de la Ciudad de México: Evolución y transformaciones", México: CNCA, 1996.

"El problema de la distribución en lotes pequeños", Excélsior, 16 octubre 1925.

"Entrevista con el ingeniero civil y arquitecto Francisco J. Serrano", Construcción Mexicana, octubre 1981.

Franklin Unkind, Raquel. "La casa porfirinana", México: Universidad Nacional Autónoma de México (tesis de maestría sin publicar), 1994.

Garay Arellano, Graciela de, "La obra de Carlos Obregón Santacilia", México: SEP/INBA, 1979.

Mariscal, Federico, "La casa poblana es uno de los modelos típicos de las habitaciones de la época virreinal", Excélsior, 23 marzo 1924.

Martín Hernández, Vicente, "Arquitectura doméstica de la Ciudad de México", México: Universidad Nacional Autónoma de México, 1981.

"Proceso de mentalidad de nuestro público en materia de construcciones y fraccionamientos", Excélsior, 30 agosto 1925.

| Alejandro Pérez-Duarte Fernández

Sobre los autores

Óscar Miguel Ares Álvarez

Doctor en Arquitectura por la Escuela Técnica Superior de Arquitectura de Valladolid en 2010, Arquitecto colegiado con gran experiencia en el sector de la construcción, con un equipo especializado en la realización de certificaciones energéticas e inspecciones técnicas de edificios.

María Beltrán Rodríguez

Arquitecto por la Universidad Politécnica CEU San Pablo, Madrid (2008). Estudió parte en la Universidad TKK, Helsinki (2006). Postgrado en Diseño y Planeamiento Urbano. Universidad KTH, Estocolmo (2010). Colaboración en el proyecto de investigación sobre la participación de los arquitectos españoles en los CIAM. Actualmente estudiante de doctorado en Madrid y Estocolmo, desarrollando la tesis Hacia un crecimiento más sostenible de nuestras ciudades: la vuelta al barrio.

Claudio Daniel Conenna

Arquitecto ítalo-argentino, nacido en Tandil-Buenos Aires-Argentina, (1959), graduado en la Facultad de Arquitectura y Urbanismo de la Universidad Nacional de la Plata, Argentina/1984. Ph.D. en el Politécnico de la Universidad Aristóteles de Tesalónica - Grecia/1999. Es arquitecto proyectista en diferentes estudios, trabaja independientemente en Argentina y en Grecia. Dentro de sus actividades académicas; es docente de Diseño Arquitectónico e Historia de la Arquitectura en la Facultad de Arquitectura y Urbanismo de la Universidad Nacional de la Plata, Argentina (1985-93). Es Docente de Diseño Arquitectónico y Teoría de la Arquitectura en la Facultad de Arquitectura de la Universidad Aristóteles de Salónica en Grecia (2001- hasta la actualidad). Cuenta con diversas publicaciones, como 40 artículos, aproximadamente sobre los diferentes edificios y arquitectos de la arquitectura contemporánea, su obra consta de los libros: *Arquitectura Griega monástica, una propuesta orgánica* (2007) y *Dibujos en la arena, los proyectos no realizados* (2009). Tiene dominio del español, inglés, italiano y griego.

José Manuel Falcón Meraz

Doctorando en Comunicació Visual en Arquitectura i Disseny. Universitat Politècnica de Catalunya (UPC). Arquitecto y Maestro en Ciencias en Ingeniería de la Construcción por el Instituto Tecnológico de Durango. Práctica privada y pública como proyectista para Obras Públicas de la Cd. de Durango. Cursos de civilización francesa en La Sorbonne, París, y de arquitectura de interior y perspectiva. Cursos de conceptos de arquitectura contemporánea y de Relaciones entre arquitectura y cinematografía, Barcelona. Actualmente doctorando en Comunicación Visual y Diseño en la Universitat Politècnica de Catalunya. Architect and Master of Science (Instituto Tecnológico de Durango). Professional practice as project manager for the government of Durango. Course of French culture and interior architecture in La Sorbonne, Paris. Courses of Contemporary Architecture and Relationships between Architecture and Cinema, Barcelona. PhD Student of Visual Communication and Design in the Universitat Politècnica de Catalunya. Profesor en el Tecnológico de Monterrey e investigador nivel 1 en el Sistema Nacional de Investigadores.

José Carlos Martín Gallardo Ulloa

Arquitecto y Maestro en Arquitectura, graduado en el 2002 con Mención Honorífica, con la tesis titulada: *El refugio subterráneo. Un análisis fenomenológico de la percepción espacial en la arquitectura subterránea.*

Irasema Gallo Ramírez

Preconstruction Manager, Data center en Lend Lease Mexico, trabajó en LEED AP -Design coordinator – Sustainability. Cursó sus estudios de Maestría en Arquitectura en la Universidad Nacional Autónoma de México y participó como docente en la UNITEC.

Vania Verónica Hennings Hinojosa

Nace en La Paz, Bolivia. Doctora en Arquitectura (Mención Honorífica) y Maestra en Arquitectura, opción Diseño Arquitectónico, por la UNAM. Arquitecta graduada de la Facultad de Arquitectura y Artes de la Universidad Mayor de San Andrés de La Paz, Bolivia.

Cuenta con un Posgrado en Administración de Empresas en la Escuela de Negocios Los Andes y es Técnico Superior en Diseño y Decoración de Interiores de la Universidad Nuestra Señora de La Paz. Docente titular en las asignaturas de Seminario de Grado, Práctica Profesional y Habilitación Profesional en la Universidad Nuestra Señora de La Paz (2002 a 2006). Docente invitada en la asignatura de Taller de Diseño III y IV en la Universidad Mayor de San Andrés (2005). Docente de la Maestría en Arquitectura y Diseño Urbano de la Universidad Mayor de San Andrés (2005). Dirige y asesora diversas tesis de licenciatura y publica artículos en revistas especializadas. Miembro fundador de la publicación académica www.architecthum.edu.mx donde participa como Coordinadora de Redacción (2000 a 2001). En el ejercicio profesional elabora diversos proyectos de arquitectura e interiorismo en su ciudad, además de tener una activa participación como miembro del Colegio de Arquitectos de La Paz, Bolivia.

Daniel C. Narváez Torregosa

(España, 1968) Doctor en Historia del Arte (Universidad de Murcia, España) Docente investigador en el Centro Interinstitucional de Investigaciones en Artes y Humanidades de la Universidad Autónoma de Zacatecas. Pertenece al Sistema Nacional de Investigadores (Nivel 1). Ha participado en numerosos eventos nacionales e internacionales relacionados con el tema de sus investigaciones: orígenes del cine, arte y poder, artes visuales y arquitectura contemporánea

Alejandro Pérez-Duarte Fernández

Arquitecto por la Universidad Nacional Autónoma de México. Doctor por la Universidad Politécnica de Cataluña. Línea de investigación: Arquitectura doméstica; enfocado en el modelo del apartamento moderno en la Ciudad de México.

www.ingramcontent.com/pod-product-compliance
Lightning Source LLC
Chambersburg PA
CBHW020908090426
42736CB00008B/540